Vivir una vida realizada

Dr. James Hollis

Vivir una vida realizada

Sabiduría para la segunda mitad del viaje

EDICIONES OBELISCO

Si este libro le ha interesado y desea que le mantengamos informado
de nuestras publicaciones, escríbanos indicándonos qué temas son de su interés (Astrología, Autoayuda,
Ciencias Ocultas, Artes Marciales, Naturismo, Espiritualidad, Tradición…)
y gustosamente le complaceremos.

Puede consultar nuestro catálogo en www.edicionesobelisco.com

Colección Espiritualidad y Vida interior
VIVIR UNA VIDA REALIZADA
Doctor James Hollis

1.ª edición: octubre de 2025

Título original:
Living an Examined Life

Traducción: *David George*
Corrección: *M.ª Ángeles Olivera*
Diseño de cubierta: *Enrique Iborra*

© 2018, James Hollis.
Traducción al español publicada por licencia exclusiva de Sounds True Inc.
(Reservados todos los derechos)
© 2025, Ediciones Obelisco, S. L.
(Reservados los derechos para la presente edición)

Edita: Ediciones Obelisco, S. L.
Collita, 23-25. Pol. Ind. Molí de la Bastida
08191 Rubí - Barcelona - España
Tel. 93 309 85 25 - Fax 93 309 85 23
E-mail: info@edicionesobelisco.com

ISBN: 978-84-1172-336-7
DL B 16885-2025

Printed in Spain

Impreso en España en los talleres gráficos de Romanyà/Valls S. A.
Verdaguer, 1 - 08786 Capellades (Barcelona)

Para Jill, Taryn, y Jonah, así como para Seah y Tim,
siempre Tim conmigo.
Y mi agradecimiento a Liz Harrison, agente y amiga, y a
Gretel Hakanson, editora y amiga.

Prólogo

Ofrezco este libro, que contiene el resumen de décadas de trabajo con estudiantes, clientes, pacientes de psicoanálisis y conmigo mismo, con la esperanza de que sea de utilidad para cada lector en la gestión de su vida y para aportar una mayor sensación de tener un propósito, así como permiso personal para que sea, al final, quien es. Aunque todo esto parece muy fácil, en realidad es muy difícil.

Durante los últimos treinta años he tenido el privilegio de viajar a cuatro continentes impartiendo conferencias y talleres, y he volado más de millón y medio de kilómetros a estas reuniones en lugares muy dispersos por el globo. Como resultado, he sido testigo de qué emociona a la gente, qué le proporciona energía, qué le recuerda algo que sabe pero que quizás ha olvidado y, por último, qué le desafía para regresar a su viaje. En este libro resumo estos asuntos muy complejos en una lista finita de ítems comprensibles. A veces necesitamos una lista, en ocasiones que nos recuerden algo y de vez en cuando que nos den una patada en el trasero. Este libro no promete nada fácil. Le pide al lector que sea serio en cuanto a fijarse en su vida y asumir la responsabilidad por ella. Somos, después de todo, el único personaje constante en esa telenovela que llamamos nuestra vida. Por lo tanto, puede que esté bien argumentado que, de algún modo, somos responsables de cómo estén yendo las cosas.

Este libro contiene veintiuna aspiraciones cuyo conocimiento cotidiano te cambiará la vida, la hará más interesante, hará que sea prácticamente tuya y que la recuperación de tu viaje sea posible.

Supongo que no has tomado este libro distraídamente ni a modo de entretenimiento. Lo has hecho debido a una curiosidad persistente, un dolor profundo y duradero o un problema vital no resuelto. Además, lo más probable es que quieras dejar de sufrir, una mejora rápida y continuar con un cambio para mejor. Si alguien te dice la verdad (que tal vez lidiarás con estos problemas durante la mayor parte de tu vida, que regresarás a ellos una y otra vez en nuevos lugares y nuevas relaciones y etapas de tu vida), es probable que sigas adelante con rapidez. Pero la verdad es la verdad, y tal y como señaló Jung, rara vez resolvemos los problemas, pero podemos dejarlos atrás. Es en eso en lo que consiste este libro: no en soluciones, sino en actitudes, comportamientos y disciplinas que nos conducen al crecimiento, a abrazar nuestra historia debilitante para que dé lugar a un viaje más productivo, que sea más claramente el nuestro propio. Aunque creo que estas ideas requieren reflexión, filtración a través de las capas de nuestra resistencia acumulada al cambio, *recomiendo encarecidamente que el libro no se lea de un tirón, sino un capítulo por día. Sólo una lectura disciplinada permitirá que las ideas se filtren hasta llegar a nuestra alma.* Con ese fin, los capítulos son breves y van al grano. Leer un capítulo por día te permitirá asimilar mejor las ideas que devorar todas las secciones.

Espero que este libro sea una herramienta para que cada uno de nosotros recupere el respeto por lo que se encuentra muy dentro de nosotros. Al hacerlo, no nos veremos libres de decepciones o sufrimiento, pero conoceremos la profundidad y la dignidad de un verdadero viaje, de ser un verdadero participante en nuestro breve periplo en este planeta, llevándonos a una mayor profundidad que nunca. Sólo entonces estaremos en el viaje del alma. Tal y como apuntó el teólogo danés Kierkegaard, los marinos mercantes reciben sus órdenes para la navegación en un puerto seguro, y los buques de guerra abren sus instrucciones en alta mar. Tanto si lo sabes como si no, te encuentras en la alta mar del alma y lo has estado durante mucho tiempo. Ha llegado el momento de abrir nuestras instrucciones, fijar un nuevo rumbo, virar y navegar contra el viento, y avanzar, con el destino desplegándose a medida que progresamos.

JAMES HOLLIS,
Washington, DC

Capítulo 1

La decisión es tuya

Salimos del mar amniótico para llegar a esta vida: ligados a la materia, a la gravedad, a la mortalidad. Un fuego arde en el interior de cada uno de nosotros, una intensidad como la del tungsteno que brilla y resplandece durante un tiempo y luego parte. De dónde y adónde para seguir siendo misterios. Y quién somos en este planeta y con qué fin también sigue siendo un misterio. Aunque el mundo está lleno de gente que te dirá quién eres, qué eres y qué puedes y no puedes hacer, deambula en medio de su confusión no abordada, su miedo y la necesidad de una creencia consensuada para calmar su propio viaje lleno de ansiedad.

Tanto si te muestras como tú mismo en este breve tránsito al que llamamos vida como si te ves definido por la historia, el contexto o urgencias partidistas estridentes, eso depende, en gran medida, de ti. No se pueden encontrar más dificultades que viviendo este viaje de la forma más consciente y responsable posible, pero no hay una mayor tarea que aporte más dignidad y propósito a nuestra vida. Nadando en este mar lechoso de misterio anhelamos encontrar sentido a las cosas, averiguar quiénes somos, destinados a marchitarnos, y con qué fin, mientras los eones discurren de su forma mecánica. Entonces nos corresponde encontrar sentido a este viaje.

Así pues, ¿qué podría ser más obvio que el punto número uno?: *la decisión es nuestra*. Y pese a ello, ¿lo es, realmente? Aprendemos, a partir de nuestro mundo (nuestra familia de origen, la cultura popular, los eventos mundiales, la formación religiosa y muchas otras fuentes), quiénes somos, qué es aceptable y qué no, y cómo debemos comportarnos y desempeñarnos para encajar, ganarnos la aprobación de los demás y prosperar en este mundo al que fuimos lanzados. Históricamente, todas las culturas han afirmado que sus valores, instituciones y órdenes de avanzar proceden de los dioses, las sacrosantas escrituras y las instituciones veneradas. Estas «cosas dadas por hechas» están cargadas de supuestos poderes y sanciones punitivas para las transgresiones de cualquier tipo. Un niño criado hoy en el mundo de la realidad virtual y los videojuegos es igual de susceptible a estas imágenes aculturadoras y directoras. Con demasiada frecuencia nos convertimos en sirvientes de nuestro entorno, dada nuestra necesidad de encajar, de recibir la aprobación de los demás, de mantenernos alejados del peligro.

Por ejemplo, cuando era niño, en la década de 1940, había unas definiciones sociales bastante claras sobre el género; la clase social y económica; la identidad racial, étnica y religiosa; y de opciones aceptables definidas. Desviarse de estos patrones preceptivos equivalía a desencadenar sanciones de enormes proporciones. La frase de socialización más común que mis contemporáneos y yo oíamos era: «¿Qué pensará la gente?». Un proverbio conocido en Japón afirma: «El clavo que sobresale es el que es golpeado con el martillo». Frente a este poder sancionador, ¿qué niño no empieza a adoptar los prejuicios de su familia y su tribu, teme los valores ajenos de otros y permanece cerca de su hogar de prácticamente todas las formas posibles?

Desde las décadas de 1940 y 1950, todas esas categorías, en principio creadas por los propios dioses, han sido deconstruidas. Mientras el sexo es determinado biológicamente, el género se construye socialmente, y restringir las definiciones para los hombres y las mujeres ha mostrado ser otra de tantas ficciones frágiles. En la actualidad sabemos que el abanico de opciones para cualquiera de nosotros es muchísimo mayor. Sabemos que todas las razas están mezcladas, y que a nivel genético descendemos de unos pocos progenitores que vivían en África central. Sabemos que las religiones son, sobre todo, creaciones mitosociales que surgen de experiencias tribales que se institucionalizan para preservarlas y transmitirlas, y que las afirmaciones ontológicas de una tribu no son, en realidad, mejores que las creaciones mitosociales de otras. Sabemos, además, que las prácticas sociales y las propuestas éticas son preceptos con un valor subjetivo y que no tienen autoridad fuera de nuestra tribu. Una forma de pensar como ésta nos hubiera enviado a la hoguera en tiempos pretéritos, y todavía lo hará en muchos rincones del mundo.[1] Cuando aparece una idea como alternativa, las fuerzas en el interior de la psique se alzan para combatirla, ya que nuestros egos son muy inseguros y prefieren la claridad, la autoridad y el control a cualquier precio.

Decir que todos nosotros podemos elegir sigue siendo, en realidad, una afirmación bastante dudosa. Aunque celebramos las licencias sociales, disfrutamos de la excentricidad y aceptamos las estructuras sociales cambiantes, los informes procedentes de los conductistas, los neurólogos y los genetistas estrechan cada vez más la ventana de la libertad. De hecho, cuanto mayor me he hecho, más se ha estrechado la ventana, a pesar de haber dedicado toda mi vida a la educación, el estudio, los viajes y la reflexión. Los poderes del inconsciente no pueden subestimarse. La consciencia de nuestro ego (es decir, quiénes pensamos que somos o lo que creemos que es real) es, en el mejor de los casos, una fina oblea flotando en un mar iridiscente. En cualquier momento, vemos el mundo a través de una lente distorsionadora y tomamos decisiones basándonos en lo que la lente nos permite ver y no en lo que queda fuera de su marco.

Cuanto más conscientes nos volvemos, más al tanto estamos de las influencias subconscientes que afectan a nuestras decisiones cotidianas. ¿Por qué tomaste esa decisión y no otra en un punto crucial de tu vida? ¿Por qué te liaste con esa persona? ¿Por qué repetir esos patrones propios de tu familia de origen? Éstas son las preguntas desconcertantes, pero, a no ser que las formulemos, quedaremos a merced de cualquier fuerza que esté en funcionamiento de manera autónoma en nuestro interior. Estas confrontaciones con la fantasía de soberanía del ego son verdaderamente intimidatorias, pero siguen suponiendo una invocación para una mayor conciencia. ¿Cuán agobiante es la observación de Carl Jung de que cualquier cosa que se nos niegue en nuestro interior

---

1. La noche en la que escribí esta frase, un grupo fundamentalista ejecutó a un arqueólogo profesional por sus esfuerzos de conservación en Oriente Medio. ¿Cuál fue su crimen? Simplemente afirmó una historia cultural fuera del ámbito de la imaginación inmadura y atrofiada del fundamentalismo, para quien «el otro» siempre supone una amenaza.

es probable que acuda a nosotros en el mundo exterior en forma del destino? (Ese mero pensamiento hace que siga ocupándome de esto).

No sugiero en absoluto que nuestros valores culturales, nuestras tradiciones religiosas o nuestras prácticas comunales sean incorrectas. No soy quién para juzgarlo.

Muchos de esos valores nos conectan con la comunidad, nos proporcionan una sensación de permanencia y orientación entre el aluvión de elecciones que nos asaltan a diario. Sin embargo, digo que los poderes históricos de tales expectativas, advertencias y prohibiciones deben ser transformados en algo consciente, pensarse con consideración y ser puestos a prueba por la realidad de nuestra experiencia vital e instigación interior. La autoridad recibida (con independencia de lo ratificada que haya sido por la historia y aprobada por la tradición) ya no rige automáticamente. Se nos llama, más bien, a un proceso de discernimiento. Se nos invoca para que formulemos preguntas como: ¿está esto en sintonía o le encuentra sentido a mi experiencia? Si no es así, puede que sea bienintencionado y correcto para otra persona, pero no es adecuado para mí. ¿Me lleva este valor, esta práctica o esta expectativa a mayor profundidad en la vida, me abre nuevas posibilidades para relacionarme y concuerda con los movimientos más profundos de mi propia alma? Si no es así, entonces es tóxico, con independencia de lo benigna que sea su afirmación. ¿Me abren este valor, esta práctica o esta expectativa al misterio de ese viaje? Jung afirmó, en una ocasión, en una carta, que la vida es una breve pausa entre dos grandes misterios. Cuídate de aquellos que te ofrezcan respuestas. Puede que sean sinceros, pero sus respuestas no son necesariamente las tuyas. La lealtad flexible a lo que hemos recibido de nuestro entorno puede que resulte ser una subversión inconsciente de la integridad del alma.

Por lo tanto, decir, entonces, débilmente: «La decisión es tuya», no es tan simplista como podrías haber pensado al principio. Entre la plétora de voces que te importunan en cualquier momento, ¿qué voz en medio de esa cacofonía es la tuya? ¿Qué voz se alza desde las profundidades del alma, cuál desde complejos patrones culturales, y cómo puedes conocer la diferencia?

Esta mezcla de mensajes es muy numerosa. ¿Cómo podemos escoger? Y pese a ello, tomamos decisiones de forma constante, y no elegir supone, ciertamente, una elección que tiene consecuencias. Por lo tanto, la tarea de este pedazo de materia formada por carbono que llamamos nuestro cuerpo, esta chispa de tungsteno que denominamos nuestra alma, están sirviéndonos para que nos demos cuenta de que servimos a la vida cuando damos un paso adelante y empezamos a asumir esa responsabilidad, esa rendición de cuentas, y elegimos una vida que tiene sentido para nosotros. La decisión es nuestra, y si no ejercemos esa opción, otra persona elegirá por nosotros (si no lo hacen las personalidades escindidas de nuestros complejos, y luego las perseverantes voces de nuestros ancestros o el ruidoso estruendo de nuestros tamtams culturales).

Nuestra vida empieza dos veces: el día que nacemos y el día que aceptamos el hecho existencial radical de que la elección de nuestra vida, con todos sus factores delimitantes, es, en esencia, nuestra. Y en el mismo momento en el que nos abrimos a esta invitación y accedemos a esa rendición de cuentas, asumimos el poder de la elección. Puede que el mundo como tal carezca de sentido: átomos que se unen y se separan en una concatenación aleatoria de proximidades. Puede que todo esté orientado por un ser supremo cuyos poderes sean absolutos y cuyo proceso de pensamiento nos parezca, en el mejor de los casos, arbitrario, y desde luego inescrutable. Con independencia de cuál sea el caso, somos el animal que sufre desconexión con el sentido. Nuestro sistema produce una serie compleja de interacciones (respuestas ante los sentimientos, unos sueños que van desde lo turbulento e inquietante a lo trascendente, síntomas, patrones, sobresaltos repentinos, percepciones, comprensiones, regresiones) y luego, ineludiblemente, acelera de nuevo hacia adelante y forja nuevas conexiones. Y en algún lugar en toda esa complejidad se encuentra la fantasía, la posibilidad de la elección.

El argumento sobre si de verdad somos libres o no se remonta a la bruma de la imaginación humana primigenia. Pero tal y como argumentaba Jean Paul Sartre, debemos actuar *como si* fuésemos libres, asumir la «terrible» carga del albedrío y ser responsables. Tanto si somos libres como si no, estamos obligados a actuar como si lo fuéramos, y todos los sistemas, filosofías, moralidades y máximas jurídicas esperan responsabilidad por los actos.

Hace años, una mujer muy considerada que había sido criada y educada en un entorno religioso convencional formuló la pregunta que la había despertado en plena madrugada:

—¿Y si –dijo–, Jesucristo no es divino, no es el hijo de Dios?

Le contesté respetuosamente:

—¿Qué diferencia supone eso?

Por supuesto, sabía que para ella eso suponía una gran diferencia. Pero proseguí:

—Sigue siendo usted responsable de su vida. Sigue usted teniendo que tomar decisiones a diario y sigue usted siendo una persona que debe decidir qué valores, qué decisiones son merecedores de su elección.

Lo que se entromete en el ejercicio de ese poder de decisión son, en esencia, dos cosas. En primer lugar, al principio de nuestra vida aprendimos que probar con quiénes somos en este mundo con frecuencia provocaba reacciones negativas. Por lo tanto, aprendimos a reprimir nuestros deseos, adaptarnos e incluso ocultarnos y encajar. Las cosas son mucho más seguras de esa forma. Diminutos en un mundo de gigantes, razonamos que, con seguridad, el mundo está gobernado por aquellos que saben, que comprenden, que ostentan el control. Qué desconcertante es cuando nos encontramos con que nuestra propia psique se rebela contra estas adaptaciones antaño protectoras y lo desilusionante que es darse cuenta de que hay muy pocos adultos, si es que los hay, presentes que tengan alguna idea sobre lo que está pasando. Nuestras proyecciones y expectativas se esfuman en el tiempo y se ven reemplazadas por la confusión, la consternación, el escepticismo y, a veces, por una búsqueda frenética de autoridades dignas de confianza.

Decir que la decisión es cosa nuestra es tanto simplista como muy difícil. Abrirse camino y elegir entre la maraña de reprimendas, prohibiciones, intenciones ocultas y adaptaciones no es ni fácil ni común. Y pese a ello, cada uno de nosotros tiene una cita consigo mismo, con nuestra alma. Que respetemos esa cita y entremos en la vastedad de las invocaciones es otro asunto. Rilke describe este dilema en su enigmático poema «Torso arcaico de Apolo».

El orador que aparece en el poema está examinando una maltrecha escultura clásica de Apolo. Cada grieta y fisura es examinada, hasta que el examinador capta la incómoda sensación de que él también está siendo examinado. Acaba terminando con una incongruencia: «¡Debes cambiar tu vida!».

Mi punto de vista sobre el poema de Rilke es que una vez que el observador ha estado en presencia de lo grande, de lo atemporal, de lo imaginativamente audaz, ya no puede estar en paz con sus propios pequeños logros en la vida. Cuando hemos redefinido nuestra vida y la vemos como suele ser (dirigida por el miedo, insignificante, repetitiva), o nos anestesiamos, nos distraemos o nos damos cuenta de que algo tiene que cambiar. Suele darse a través de momentos numinosos, tal y como describe el poeta, o de momentos de desesperación, o de momentos en el que el mundo se planta frente a nuestra cara, forzándonos, finalmente, a mostrarnos. Si vamos a mostrarnos, debemos tomar decisiones y dejar de gimotear. En esos momentos, algo cambia en nuestro interior. Experimentamos nuestra vida como más plenamente viva de lo que ha estado en ningún otro momento. Nos damos cuenta de que no podemos permanecer regidos por el miedo, la convención o la adaptación. Somos conscientes de que ahora tenemos y siempre hemos tenido opciones. Podemos decir que sí o que no, pero no podemos decir que no tenemos capacidad de decisión en la materia.

¿Puede alguno de nosotros argumentar de verdad, a pesar de los terribles poderes del destino y del impacto de otros en nuestra vida, que no somos también el personaje central en el drama de nuestra vida y que tomamos decisiones cada día, ya sea conscientemente o no? ¿Puede cualquiera de nosotros argumentar en serio que al final del viaje no hemos desempeñado algún papel considerable en el resultado del viaje? ¿Podemos seguir argumentando que nuestra vida es una novela que se está desplegando escrita de lejos, cuyo final nos será revelado sólo en la última página o en alguna brumosa vida después de la muerte? ¿No estamos muertos en esa última página? ¿No estamos escribiendo el guion de manera interactiva a lo largo de esta novela, página a página? Al final, ¿no nos vemos empujados a reconocer que la decisión es nuestra y que la vida espera que nos mostremos y que reclamemos lo que desea expresarse a través de nosotros?

Capítulo 2

Ha llegado el momento de madurar

¿Qué significa madurar? ¿No nos convertimos en adultos cuando nos llegó la pubertad, cuando entramos en un cuerpo y una agenda grandes? ¿No maduramos cuando abandonamos nuestro hogar familiar y accedimos al mundo y dijimos: «Contráteme: puedo hacer ese trabajo», «Cásate conmigo, cumpliré mi parte del trato», «Confía en mí, puedo ocuparme de esa responsabilidad»? ¿No hemos sido adultos mediante el ejercicio responsable de papeles parentales, fiduciarios, relacionales y sociales durante años? Y pese a ello, cuando he preguntado a la gente (personas razonables, exitosas y responsables) en talleres «¿En qué aspectos necesitas madurar?», ¿por qué todavía nadie me ha pedido que explique esa pregunta, por qué nadie ha desafiado la legitimidad de la tarea y por qué todo el mundo ha empezado a escribir en cuestión de minutos, por no decir segundos? Por lo tanto, ¿cómo es que interpretamos todos estos papeles maduros, pero, pese a ello, sabemos, en lo más profundo de nuestro corazón, que todavía tenemos que madurar?

En las sociedades tradicionales, que cuelgan débilmente de este planeta que gira, sobreviviendo a las arremetidas de los elementos, unas condiciones duras y acciones hostiles de todo tipo, madurar es un asunto de supervivencia. La tribu no podía permitirse tener hijos holgazaneando de un lugar a otro. Por lo tanto, sin un comité central enviando instrucciones impresas, cada civilización desarrolló unos ritos de iniciación diseñados para asegurar la transición de la inocencia y la dependencia propias de la niñez a las sensibilidades adultas que sacrifican la comodidad y la pereza para ponerse al servicio del bien común.

Después de todo, las condiciones y las estructuras sociales evolucionan, y la tecnología también, pero la misma psique humana, las mismas psicodinámicas manifestadas por nuestros ancestros, discurren por nuestra vida actual. Durante la mayor parte de la historia documentada, todos hemos tenido que enfrentarnos a las invocaciones para madurar. La diferencia es que nuestros antepasados eran observadores sagaces que comprendían que hay escasos motivos para sacrificar la comodidad y la dependencia a no ser que se requiera de alguien que lo haga. Por lo tanto, con independencia de ello, sin un comité central que los asesorara, se inventaron algo útil: los ritos de iniciación.

Todos los pasajes o iniciaciones proporcionan una transición desde algo que ha evolucionado, ha muerto o ha dejado de ser productivo. Eso es lo que la psicoterapia busca hacer en muchos casos. Como pocos, por no decir nadie, abandonarían voluntariamente la seguridad del hogar por el estatus inseguro de la adultez, a la gente joven no se le preguntaba. Se la sacaba de casa, a veces por la fuerza. Las seis etapas del pasaje o iniciación variaban en cuanto a su forma, intensidad, duración y accesorios culturales, pero, en esencia, eran comparables en todo el mundo. Implicaban marcharse del hogar, no con una invitación impresa, no con una petición educada, sino repentina y firmemente. En segundo lugar, había una ceremonia de muerte, que oscilaba entre ser enterrado en la tierra, la inmersión o una eliminación de los referentes conocidos. En tercer lugar, había una ceremonia de renacimiento, ya que estaban iniciándose un ser emergente y una psicología diferenciada. En cuarto lugar, se recibían las enseñanzas en tres categorías: los relatos arquetípicos de la creación, de los dioses y de la historia tribal; los roles generales y la forma de gobierno de la adultez en esa cultura; y las herramientas específicas para la caza, la pesca, la maternidad y la agricultura características de esa tribu. En quinto lugar, había una experiencia difícil de algún tipo que solía implicar el aislamiento para que se aprendiera a hacer frente al miedo y a encontrar recursos internos.

Y en sexto lugar, después de una separación prolongada, estaba el regreso a la comunidad como adulto independiente. Sólo de esta forma la gente joven hacía la transición desde la inocencia, la dependencia y las evitaciones propias de la niñez a las expectativas de la adultez.

Cuando examinamos la cultura contemporánea, nos encontramos con que estos ritos de iniciación no están presentes. En lugar de herramientas para la fuerza y la supervivencia personal, enseñamos habilidades informáticas. Permitimos que los niños permanezcan en el seno de una cultura protectora y, por consiguiente, tenemos a muy pocas personas iniciadas, autónomas e independientes con una sensibilidad adulta. El mero hecho de hacerse mayor no lo consigue, y desempeñar papeles importantes en la vida no lo logra. ¿Qué es lo que hace que alguien pase de una psicología demandante, de reproches y dependiente a una de independencia psicoespiritual? ¿Qué caracteriza mejor nuestra cultura que un clamor demandante y quejumbroso por una gratificación instantánea, una huida de la responsabilidad y una incapacidad de tolerar la tensión de los opuestos, en lugar de aprender a vivir con ambigüedad a largo plazo y de trascender al deseo de una resolución rápida de la naturaleza esencial de la vida?

Las dos mayores amenazas de la vida que llevamos en nuestro interior son el miedo y la apatía. Cada mañana nos despertamos para encontrarnos a dos diablillos a los pies de la cama. Uno de ellos, llamado Miedo, dice: «El mundo es demasiado grande para ti, demasiado. No estás a su altura. Da con otra forma de escabullirte de nuevo hoy»; y tenemos al otro, llamado Apatía, que comenta: «Oye, relájate. Has tenido un día duro. Enciende la televisión, navega por Internet, toma un poco de chocolate. Mañana será otro día». Esos perversos gemelos se comen con placer nuestra alma cada día. Independientemente de lo que hagamos hoy, volverán a aparecer mañana. Con el tiempo, usurpan más días de nuestra vida que los que podemos reclamar. Se gasta más energía, cualquier día dado, para gestionar el miedo mediante una conformidad irreflexiva o con la evitación que con cualquier otro valor. Aunque es natural gastar energía gestionando nuestros miedos, no puede hacerse suficiente hincapié en la magnitud de este esfuerzo a diario.

Por otro lado, la apatía adopta muchas formas seductoras. Podemos, simplemente, evitar las tareas, alejarnos de lo que nos resulta difícil, dar con formas de insensibilizar nuestros días mediante los miles de narcóticos y analgésicos que nos ofrece el mundo o, lo que es tal vez lo peor, podemos caer en formas de pensamiento fundamentalistas que esquivan con habilidad la sutileza, desdibujan los opuestos, buscan soluciones simplistas a asuntos complejos y aplacan la aflicción de nuestro espíritu con el bálsamo paliativo de la certidumbre. Ciertamente, tenemos una amplia cultura programada para ayudarnos en esta tarea, una distracción, conectada las veinticuatro horas del día, cuyo zumbido calma la ansiedad y reduce los lloros lastimeros de nuestro espíritu para ser servido. Ahogados en las distracciones, aliviados por soluciones sencillas y arrullados por autoridades condescendientes, podemos pasarnos toda nuestra vida durmiendo y nunca despertar a las invocaciones del alma que resuena en cada uno de nosotros.

En *The Eden Project: The search for the mágical other*, un libro sobre la psicodinámica de las relaciones, apunté que todas las relaciones se caracterizan por dos dinámicas: la *proyección* y la *transferencia*. Una proyección es un mecanismo por el cual nuestros contenidos psicológicos nos abandonan y entran en el mundo buscando un objetivo (una persona, una institución, un papel) al que aferrarse. Como esto se da inconscientemente, entonces respondemos a lo otro como si lo conociéramos, en lugar de a su distorsión refractada. De forma similar, transferimos a ese otro (persona, institución o papel) nuestra historia personal con respecto a ese tipo de experiencia. Por lo tanto, infantilizamos nuestra relación con nuestro otro íntimo, nuestra Iglesia, gobierno, organización o cualquier papel que lleve una presunta autoridad con él. Al volver a evocar nuestras experiencias anteriores, reducimos, de manera inconsciente, nuestra capacidad adulta y nuestros intereses presentes abordando el nuevo momento con conductas de evitación, de control o de conformidad propias de nuestro pasado.

Dado el poder, la ubicuidad y la sutileza de estos contenidos proyectados, de estas estrategias históricas transferidas, esperamos que otros cuiden de nosotros mientras ponemos reparos contra las deficiencias de nuestras afiliaciones y nos preguntamos por qué nuestros papeles por sí solos no logran confirmar nuestra madurez ni nos proporcionan una satisfacción continua. A partir de esta brecha entre las expectativas de nuestras proyecciones y transferencias podemos, de vez en cuando, llegar a ser conscientes de que somos responsables de cómo están desarrollándose las cosas. Cuando se da ese entendimiento le sigue una invocación heroica: ¿qué le estoy pidiendo al otro que no esté abordando yo mismo? Sospecho que todos nosotros tenemos una vaga sospecha de que estamos posponiendo esta cuestión, esta responsabilidad, y que lo hemos hecho durante mucho tiempo.

Llamo heroica a esa cuestión porque encarna un cambio en nuestro centro de gravedad desde el otro «ahí fuera» al otro «en el interior». En otras palabras, algo en cada uno de nosotros siempre sabe cuándo estamos eludiendo, evitando, procrastinando, racionalizando. A veces nos vemos obligados a enfrentarnos a estos hechos incómodos cuando nuestros planes, relaciones o expectativas con respecto a los demás colapsan y nos quedamos sujetando la bolsa de las consecuencias. A veces, otros se nos encaran y nos exigen que nos ocupemos de lo que hemos evitado. En ocasiones sufrimos síntomas que nos interrumpen, sueños inquietantes, reuniones con nosotros mismos durante la madrugada, y entonces tenemos que enfrentarnos a la vida fugitiva que estamos perpetuando. Algo en nuestro interior siempre sabe y siempre registra su opinión. Naturalmente, evitaremos esta citación por parte del alma siempre que podamos hasta que nos golpee de un modo tan contundente que tengamos que ir a ver quién está en la puerta. El momento en el que decimos «Soy responsable, tengo que rendir cuentas, tengo que ocuparme de esto» es el día en el que maduramos, por lo menos hasta la próxima vez, la próxima regresión, la próxima evasión.

Cuando aquellos que asisten a mis talleres empiezan, inmediatamente, a escribir sobre dónde necesitan madurar, no es que no hayan pensado en eso antes. De hecho, los asuntos están bastante cerca de la superficie. Han batallado con lo que se ha evitado (una confrontación demorada, el reconocimiento de un talento, un camino de reconciliación, o cualquiera que sea la invocación amenazadora) muchas veces antes. Por desgracia, lo que se vuelve consciente no se resuelve, por ende, por sí mismo. Los motivos para la evitación surgen de nuestras proclividades existenciales al miedo y la apatía, y ambas némesis ganan más batallas que las que pierden. Mientras tanto, el alma está agitándose por debajo, enviando protestas, llamadas de emergencia, mensajes de SOS, escritos de acusación, etc. ¿Cuán rápido debemos correr y durante cuánto tiempo tenemos que evadirnos antes de que estas facturas lleguen a nuestro cuarto de estar? Cada uno de nosotros sabe todo esto, razón por la cual es tan relativamente fácil reconocer en qué aspectos debemos madurar.

El arquetipo del héroe es una energía que hemos elogiado durante milenios: una persona que aborda una tarea, supera un miedo, actúa allá donde se le necesita y proporciona un ejemplo a los demás. Pero ¿somos conscientes de la presencia del arquetipo del héroe en nuestro interior? Llamarlo un arquetipo es reconocer su presencia universal, que se encuentra en todas las personas y todas las épocas. La tarea del héroe en nuestro interior consiste en derrocar a los poderes de la oscuridad, en concreto el miedo y la apatía. Todas esas fábulas de derrotar al dragón son versiones mitopoéticas de derrocar el poder de aquello que nos devoraría, tal y como hacen el miedo y la apatía a diario. Tarde o temprano, somos llamados para enfrentarnos a lo que tememos, para responder a nuestras invocaciones para dar la cara y para superar los grandes poderes letárgicos que hay en nuestro interior. Esto es lo que se pide de nosotros: que nos mostremos como la persona que somos en realidad, de la mejor forma en que podamos gestionarlo, bajo unas circunstancias sobre las que puede que no tengamos control. Este mostrarnos de la mejor forma que podamos es madurar. Eso es, en realidad, todo lo que nos pide la vida: que nos mostremos de la mejor manera posible.

Siempre me ha emocionado el ejemplo de Marco Aurelio. A pesar de ser el emperador y de que podría haber disfrutado de cualquier sinecura embrutecida en Roma, decidió estar en el campo de batalla para enfrentarse al huno que quería matarlo. ¿Era distinto a nosotros? No, tenía los mismos miedos e impulsos apáticos que tenemos todos. Cada día era una batalla para él, al igual que lo es para nosotros. Él era tan susceptible como nosotros al consuelo fácil de la desesperación de tener más cosas que gestionar que otra persona o que los demás estén mejor equipados que nosotros para el viaje que supone la vida. Todos nosotros tenemos los mismos miedos, la misma apatía que nos seduce y la misma capacidad para evitar madurar. Para compensar mi intimidación causada por el miedo y mi aliciente por la evitación fruto de la apatía, suelo leer las obras de Marco Aurelio mientras me despertaba por la mañana, lleno de dudas, sonrojado por el miedo y repleto de racionalizaciones preparadas para evitar lo que le amenazaba:

Con la primera luz del día ten preparado, contra la falta de inclinación a levantarte de la cama, el pensamiento de que «Estoy levantándome para el trabajo propio del hombre». ¿Debo quejarme al disponerme a hacer aquello para lo que nací y en aras de aquello para lo que he sido traído al mundo? ¿Es el objetivo de mi creación yacer aquí, bajo las sábanas, y mantenerme caliente? «¡Ah, pero es mucho más placentero!». ¿Fue entonces para el placer para lo que naciste y no para trabajar?[2]

Cuando leo estas palabras, me imagino que puedo verlo, compartiendo el destino de sus camaradas, con frío y tiritando en el gélido Danubio, enfrentándose a unos enemigos implacables. ¿Y por qué leo de una y otra vez estas palabras? Porque me recuerdan que debo dejar de sentir lástima por mí mismo, por mi vida privilegiada y mis oportunidades también privilegiadas, y que debo dejar de quejarme y de buscar un camino fácil. Me recuerdo a mí mismo que debo estar presente, de la mejor forma que pueda, ganando algunas de esas batallas internas contra el miedo y la apatía, perdiendo algunas, pero con la sincera esperanza de que, si estoy presente de la mejor forma que pueda, entonces también seré una persona madura. Eso es lo que la vida nos pide a cada uno de nosotros: que maduremos, que seamos responsables, que estemos presentes. Eso es lo que nos piden nuestra pareja, nuestros hijos y nuestro mundo. Cuando estamos presentes de la mejor forma que podemos, entonces, cualquier día dado somos maduros y contribuimos a soportar la carga del mundo en lugar de añadirle peso.

Hazte estas sencillas preguntas: ¿en qué aspectos debo madurar y dar un paso adelante en mi vida?, ¿a qué miedo deberé enfrentarme al hacerlo?, ¿es ese miedo realista o procede de una época anterior en mi desarrollo? Y dado ese pesado sentimiento con el que he cargado durante tanto tiempo, ¿cuál es el precio que debo pagar por no madurar?

---

2. Aurelio, M.: *Meditations*. Dover Publications: Nueva York, 1997, p. 77. (Trad. cast.: *Meditaciones*. Robin Book: Barcelona, 2023).

Capítulo 3

Despréndete de lo antiguo

En el relato breve de Albert Camus titulado «El invitado», se retrata a un hombre que desea evitar cualquier responsabilidad. Transcurre en Argelia, en la época de la revolución contra las autoridades coloniales, donde un joven profesor de escuela no se alinea con ninguno de los bandos, y cuando se le acusa de alojar a un rebelde, y hasta la llegada de las autoridades, le da al prisionero la oportunidad de huir, señalándole el camino hacia la libertad del desierto frente a la cautividad en la cárcel colonial. Cuando, la mañana siguiente, ve que su prisionero ha aprovechado la oportunidad para escabullirse, se siente libre de las consecuencias, pero acaba descubriendo que su prisionero ha elegido el camino del encarcelamiento en lugar de la libertad y que ahora él es el objetivo de la ira de venganza de los revolucionarios. Así pues, en la vida de todos nosotros, tenemos la frecuente opción de permanecer dentro de lo predecible, lo seguro, lo familiar e incluso lo terrible, creyéndolo preferible a la incertidumbre de lo desconocido. ¿Con qué frecuencia echamos la vista atrás «anhelando liberarnos de nuestras cadenas» en lugar de dar un paso adelante para entrar en las fauces, que se abren, de la incertidumbre?

Freud identificó lo que él llamaba «la compulsión de la repetición», el impulso en nuestro interior para replicar lo antiguo, incluso aunque sea doloroso y nos conduzca a callejones sin salida, predecibles pero conocidos. En primer lugar, podemos reconocer el poder de la programación negativa en nuestra vida. Los ejemplos son numerosos. ¿Cuántos niños maltratados buscan e incluso se casan con maltratadores?

¿Cuántos maltratadores repiten sus imágenes patológicamente circunscritas de lo que constituye una relación? Sin embargo, Freud también especulaba que uno podría repetir la experiencia traumática como, de algún modo, «más segura» que la original creyendo que, de alguna manera, está vez será mejor. Por lo tanto, el prisionero escoge la prisión en lugar del abismo de las decisiones libres, el desierto de las libertades ilimitadas. El profesor de escuela «escoge» no escoger, aparentemente para evitar las consecuencias de la elección, y los atentos dioses hacen caer sobre él las terribles consecuencias de esa decisión.

Desprenderse de lo viejo es, en apariencia, mucho más difícil de lo que creemos. Pensamos que lo hacemos redecorando nuestra casa, haciendo un tipo distinto de vacaciones, e incluso cambiando de parejas con las que nos relacionamos, pero los patrones de replicación permanecen. La única presencia constante en cada escena de esa telenovela de larga duración que llamamos nuestra vida somos nosotros. Por lo tanto, de un modo innegable, debemos asumir la responsabilidad por cómo se está desplegando esta historia. Y pese a ello, ¿por qué estos patrones, en especial los que son dañinos para nosotros y los demás, están tan aferrados a nosotros?

Allá donde encontremos patrones, probablemente también hallaremos ideas centrales y cargadas de emociones en nuestro interior, ideas que puede que sean conscientes o no, que puede que sean precisas o no, que puede que ni siquiera sean nuestras, pero que han formado parte de nuestra experiencia formativa y de la atmósfera primigenia en la que hemos habitado.

Todos internalizamos mensajes de la vida cotidiana; de los medios populares; de nuestra familia de origen; de influencias religiosas, educativas, políticas, económicas y otras; y de los cambios de nuestras biografías personales. Estos mensajes nos dicen qué hacer: evita esto, implícate en aquello otro, lleva a cabo esta acción; o nos dicen qué no hacer: cállate, ocúltate, no reveles lo que estás sintiendo. No nacimos con estos mensajes, pero los tenemos porque tenemos una historia y porque somos seres sensibles que necesitamos «interpretar» el mundo que hay a nuestro alrededor para que sirva a nuestra supervivencia, consigamos que nuestras necesidades se satisfagan lo mejor posible y podamos encajar.

Dado que los mensajes más poderosos y los menos sopesados derivan de nuestras experiencias más tempranas de seguridad, peligro e instrucciones adaptativas, siempre que se activan en nuestra vida psíquica tienen el poder de usurpar la consciencia, tomar el mando y ejecutar sus programas arcaicos. El más poderoso de estos mensajes deriva de nuestras relaciones más tempranas y tiende a acumularse como una serie de respuestas reflexivas a los estímulos de la vida. Aunque antaño fueron fenomenológicos, es decir, experienciales y no conscientes, con el tiempo se convierten en respuestas «institucionalizadas» ante las tareas, los problemas y la turbulencia del mundo. No es de sorprender que dispongamos de patrones. Desprendernos de ellos resulta ser la más difícil de nuestras tareas, porque antaño estuvieron y a veces siguen estando ligados a nuestra supervivencia, a nuestro encaje y a nuestra aceptación por parte de los demás.

Las viejas lealtades, conocimientos y compromisos pueden muy bien haber unido nuestros días de formas predecibles, pero estos mismos constructos también pueden unirnos a un pasado discapacitante o a una visión limitante de los demás. La naturaleza de nuestra psique se basa en el cambio, el crecimiento, la curiosidad y la imaginación. Sin embargo, hay elementos muy conservadores en nuestro interior que mantienen un compromiso con lo conocido, lo familiar, incluso cuando se basa en perspectivas constrictivas. Fíjate en la discordancia en nuestra nación ante la evolución social, el cambio y la erosión de las viejas «certidumbres». Cuando era niño, las presuntas fijezas de los roles y la definición del género; las prácticas raciales, étnicas y sexuales; y las categorías éticas se suponía que eran dadas por los dioses, decretadas por escrituras indiscutidas o por instituciones veneradas. No hay ninguna de esas «fijezas» cuya afirmación ontológica no haya sido deconstruida. Nunca, en la historia de la humanidad, los individuos han sido más libres para escoger su camino en la vida, sus valores y para servir a lo que es cierto para ellos. Y con esta libertad viene una tremenda oposición que los políticos oportunistas usan a su favor. Los que quieren «los buenos y viejos tiempos» y «quieren recuperar su país», están, en realidad, deseando: (a) que su posición antaño privilegiada sea ratificada y materializada, y (b) que la ansiedad de la ambigüedad se trate con lo anodino o analgésico de la «certidumbre», la «autoridad recibida» y los «valores tradicionales». Lo que no se aborda (ciertamente, lo que es más explotado en cada país, cada cultura, cada hegemonía religiosa o política bajo la arremetida del cambio) es qué grado de las repercusiones negativas está alimentado por la psicopatología humana. Es decir, cuánta tensión cultural, conflicto y frenesí surgen de la ansiedad debida al cambio, de la ambigüedad, de la evolución, de las «certidumbres» erosionadas. Esos grupos no se dan mucha cuenta de que sus historias normativas son simplemente eso: historias, interpretaciones que antaño fueron reprimidas y que resultaban ofensivas mientras, al mismo tiempo, derribaban las certidumbres de su época. Además, nuestras guerras culturales actuales serán consideradas, en épocas venideras sucesivas, risibles, arcaicas, desinformadas y constrictivas.

El antiguo gobernador de Illinois y embajador de Estados Unidos ante la Organización de las Naciones Unidas, Adlai Stevenson, señaló, en una ocasión, que la medida moral de una nación consiste en cómo trata a sus ciudadanos menos favorecidos. Así pues, además, podríamos añadir un corolario: la medida moral de una cultura se encuentra en el grado en el que los individuos y los grupos pueden tolerar la ambigüedad y el cambio, y en lo abierta que pueda ser ante la otredad de los demás. De acuerdo con esa definición, al mundo actual no le está yendo muy bien, pero ¿hay valores que valga la pena conservar? Por supuesto que los hay: la decencia, la tolerancia, el respeto por los demás. En este preciso instante, apuesto a que la psicopatología humana prevalecerá, como lo hace con mayor frecuencia, pese a que trabajo en la persona en la que puedo trabajar (yo mismo) para intentar volverme más abierto a la vida creativa en presencia del cambio, la ambigüedad y la erosión de esas viejas certidumbres.

Así pues, desprenderse de lo viejo no es fácil. Requiere ser capaz de tolerar el nivel excitado de ansiedad que nos aqueja a cualquiera de nosotros cuando la consciencia del ego no ostenta el control. Requiere que nos desprendamos de lo que considerábamos cierto y que lancemos nuestros botes salvavidas a un mar tenebroso. Cuanto más nos resistimos al cambio, más nos aliamos contra la naturaleza de la naturaleza y la agenda del desarrollo de nuestra propia psique. Estar alineados contra nuestra propia naturaleza es la mismísima definición de la neurosis. Un ejemplo obvio, pero quizás inconsciente, de esta resistencia se encuentra en la obsesión de nuestra cultura con el envejecimiento y su negación, y de la mortalidad, que es el proceso evolutivo natural en el interior de nuestro cuerpo y nuestra alma que está programado en nuestro ADN y empieza a desplegarse desde nuestro primer momento de vida. ¿Cuántas veces se ha aferrado la gente a su juventud, se ha resistido a crecer y a reconciliarse con elegancia con la naturaleza «haciendo las cosas propias de la naturaleza» en su interior? Enfrentándose a su propio envejecimiento, sus achaques y su proceso de mortalidad, Yeats escribió en «Navegando a Bizancio» que el alma está obligada a «cantar, y a cantar más alto, por cada jirón en su vestimenta mortal». En otras palabras, por cada mengua externa, se nos asigna la tarea, con una invocación, para una mayor implicación con el alma de nuestro interior. Este proceso por sí solo nos aporta sentido, crecimiento y la resiliencia del espíritu. La alternativa es una vida continuamente fugitiva.

La vida es una serie de vínculos y pérdidas, empezando con nuestra desconexión del útero: un trauma primigenio del que nunca nos recuperamos por completo. Durante nuestro viaje, nos vinculamos, nos unimos y nos separamos de otros de forma continua. La gente viene y va en nuestra vida. Algunas de estas pérdidas son traumáticas: un matrimonio que se hunde, un hijo perdido, una trayectoria profesional que se desvanece. Estas cosas duelen, pero no avanzar en servicio a la vida, en servicio para aportar más a este mundo, es anular nuestra razón para estar aquí: contribuir con nuestro pedacito más evolucionado al gran mosaico del hecho de ser, una participación aleccionadora y ennoblecedora en el gran puzle al que la aventura humana ha estado añadiendo o restando cosas desde sus inicios en el altiplano africano hace muchos milenios.

Apegos y pérdidas, apegos y pérdidas: ésta es la historia humana. Perdemos partes de nosotros mismos mientras nos adaptamos a las exigencias del mundo. Con frecuencia perdemos a aquellos por los que nos preocupamos debido a la muerte, un divorcio o una disfunción. La cuestión es si asimilamos estas pérdidas en nuestro sistema y no aflojamos o si permanecemos atascados al nivel de la pérdida. Por ejemplo, aquellos que han experimentado la traición en su vida suelen permanecer pegados a la herida y al mensaje implícito de esa experiencia. Soy incapaz de enumerar a aquellos a los que he visto que siguen aferrados a una imagen anterior de sí mismos, a momentos de debilidad, de traición a sí mismos o de fracaso y que mantienen su apego a una imagen de sí mismos anterior en lugar de aprender de ello y seguir adelante. ¿Y cuántos escogen a personas en su vida que repetirán ese patrón por ellos? La mujer que elige a perdedor tras perdedor porque nunca estuvo segura de que su padre estuviera ahí para ella, y mediante esta compulsión de la repetición se culpa a sí misma, pensando, como hace cada niño: «Soy lo que me sucedió. Soy mi experiencia. Si fuera digna de recibir amor, él habría estado ahí para mí». El imago fantasmal de su padre se transfiere a hombre inadecuado tras hombre inadecuado. Y el hombre que se siente dependiente de la mujer, pero que se distancia de ella porque teme la magnitud de su propia necesidad, interpreta las reacciones de ella ante su distanciamiento como una confirmación de las malas intenciones de ella para con él desde el principio. Todos estos patrones relacionales comunes en nuestra vida surgen porque seguimos aferrados a nuestras experiencias más tempranas de nosotros mismos y del otro. Todos estos patrones surgen de una idea impulsora con su mensaje relacionado, de las historias definitorias que nos proporciona el destino. Hasta que no nos demos cuenta de que seguimos en una relación con ese complejo, ese imago intrapsíquico de nosotros mismos y del otro, estaremos condenados como el antiguo marinero a deambular con nuestra historia repetitiva.

Desprenderte de lo antiguo es infinitamente más difícil de lo que pensamos. Cuán difícil es captar la sabiduría de Samuel Beckett en *Fin de partida*: «Jugar y perder, y estar harto de perder». Hemos sido definidos por nuestra historia, nuestros vínculos, nuestras definiciones provisionales de notros mismos y de otros, y nos aferramos a nuestra historia con tenacidad, precisamente porque pensar sobre nosotros mismos de otras formas es o intimidante o inimaginable. Sin embargo, la psique humana imagina más. El problema con los complejos es que no tienen imaginación. Sólo pueden recitar, una y otra vez, el mensaje fenomenológico de sus orígenes. Sin embargo, la psique tiene una perspectiva mucho mayor en nuestra vida. Imagina muchas más cosas para nosotros de lo que el ego ordinario puede comprender.

Irónicamente, la psicopatalogía es uno de los signos de la mayor imaginación de la psique o alma. Si no tuviéramos alma, es decir, no tuviéramos un órgano del sentido, nuestras adaptaciones serían nuestra realidad. Sin embargo, el alma protesta y registra su protesta a través de nuestro cuerpo, de nuestros sueños inquietantes, nuestras invasiones afectivas, como la depresión o nuestro autotratamiento adictivo y anestésico. Aunque la mayor parte de la psiquiatría y las psicoterapias modernas prefiere trabajar alrededor de estas protestas y, por lo tanto, llevar el conflicto interno a una mayor profundidad, la comprensión psicodinámica de los síntomas, los sueños y los patrones comportamentales consiste más bien en preguntar: ¿por qué has venido?, ¿de qué te estás quejando?, ¿cuál es el deseo del alma (en oposición a los deseos de mi entorno, mis complejos, mi historia)? Estas preguntas no entierran el problema, no intentan saltárselo ni lo medican mediante el entumecimiento, sino que más bien se acercan al alma con dignidad y preguntan, al igual que haríamos con cualquier desconocido que llamara sin invitación a nuestra puerta: «¿Por qué has venido? ¿Qué quieres? ¿Cómo podríamos conversar?».

Sólo con este tipo de respeto por el diálogo con la psique podemos empezar a dejar atrás lo antiguo. Vale la pena llevar adelante muchas cosas de nuestra historia, y en el caso de muchas otras cosas no vale la pena. Al igual que limpiamos la casa periódicamente, revisamos la ropa y las modas viejas y eliminamos las prendas que ya no son relevantes, tenemos que examinar nuestras historias acumuladas, las actitudes que nos impulsan, nuestros reflejos y nuestras respuestas y descartar lo que ya no es útil, productivo, relevante o no nos sirva para crecer. Como escribe san Pablo en su Carta a los corintios, cuando nos convertimos en adultos, ha llegado el momento de dejar a un lado las cosas infantiles. Sólo entonces podremos reclamar nuestros viajes cooperativos hacia lo desconocido, lo que consiste en pedirnos que seamos valientes, reflexivos y audaces.

Capítulo 4

Recupera la autoridad personal

En *Shambhala: la senda del guerrero*, Chögyam Trungpa define al guerrero no como un agente de destrucción, sino como alguien que es «valiente», y luego apunta «que ésta es la definición de valentía: no tener miedo de ti mismo».[3] Ésta es una paradoja increíble. ¿Por qué deberíamos tener miedo de nosotros mismos? No nacimos así. Sin embargo, pronto aprendemos de la experiencia y de forma poco a poco consciente que somos diminutos, vulnerables y dependientes de los enormes poderes que hay a nuestro alrededor, y principalmente de los gigantes a los que más adelante llamamos padres. Con independencia de los poderes que nos otorgara la naturaleza, se ven con facilidad superados por las fuerzas externas a nosotros, y así aprendemos a negar, e incluso a temer, los poderes de nuestro interior.

Por ejemplo, Cynthia continuamente se siente incompetente y mal equipada para su vida. Sus patrones consisten en una combinación de evitación, de respuestas timoratas ante los desafíos, e incluso de autosabotaje. Tuvo la buena / mala suerte de ser la hija de una estrella, de una madre muy talentosa, con muchos estudios y con un gran reconocimiento a la que creía que estaba llamada a emular. Independientemente de las capacidades que le hubieran sido concedidas o no por el destino, Cynthia creyó desde una edad muy temprana que era incapaz de

---

3. TRUNGPA, C.: *Shambhala: The sacred path of the warrior.* Shambhala Publications: Colorado), 1984, p. 7. (Trad. cast.: *Shambhala: la senda del guerrero.* Kairós: Barcelona, 2004).

alcanzar el nivel de los logros de su madre. Según parece, nadie le explicó que no se pretendía que tuviera que igualar o superar a su madre, porque eso hubiera supuesto vivir la vida de su madre, y no la suya.

¿Cuántos de nosotros nos hemos sentido forzados a mirar por encima de nuestro hombro y a compararnos con nuestros compañeros de clase, vecinos o antepasados, y a creer que tenemos que ser iguales sin importar lo que hicieran en su vida? Lo que pocos de nosotros sabemos es que muchos de aquellos a los que nos gustaría emular (si tuviéramos que experimentar su realidad interior) han servido a la baja autoestima demoníaca y a la autorrecriminación, y con frecuencia con impulsos que los patologizan pese a haber obtenido elogios. Pocos de nosotros nos damos cuenta de que *no es lo que hacemos, sino aquello a cuyo servicio estamos en nuestro interior lo que marca la diferencia.* Pero si supiéramos qué impulsó, persiguió y conminó a aquellos a quienes admiramos, podríamos, ciertamente, no querer vivir su vida en absoluto.

Jung afirmaba que todas nuestras dificultades derivan del hecho de que nos han separado de nuestros instintos, de esas energías internas, impulsos y estados de sentimiento que nos mueven hacia una mayor completitud. Y Nietzsche, además, nos describió como «el animal enfermo». Ninguno de los dos estaba, por supuesto, respaldando una vida gobernada sólo por el impulso de los instintos, pero la sospecha del miedo y el alejamiento de esos instintos significa que nos vemos arrancados de las raíces vitales y estimulantes de la vida. Demasiado instinto nos limita a una existencia animal, pero demasiada consciencia nos separa de nuestras fuentes naturales.

La primera mitad de la vida, por lo menos para la mayoría de nosotros, es, en esencia, un error gigante e inevitable. Cuando he expuesto este pensamiento con una exageración deliberada a distintos públicos inevitablemente la gente se ríe con la risa de un reconocimiento triste. Cuando progenitores bienintencionados me han preguntado: «¿Qué puedo hacer para ahorrarle a mi hijo las decepciones y los desastres de la vida?», les he contestado: «Poco podéis hacer, por no decir nada, ya que ellos tienen que probar con su vida, cometer errores y aprender lo que puedan de ellos». Con el tiempo, esta experiencia dolorosa se convierte en la forja en la que un viaje más auténtico se vuelve posible; es decir, si uno lleva a cabo el trabajo para aprender lo que hay que aprender.

La segunda mitad de la vida no es un momento cronológico, sino un momento psicológico que algunas personas, por muy mayores, diestras y autocomplacientes que sean en la vida, nunca alcanzan. La segunda mitad de la vida se da cuando la gente, por la razón que sea (el fallecimiento de su pareja, el final de su matrimonio, una enfermedad, la jubilación, lo que sea), se ve obligada a pensar de forma radical en quién es, independientemente de su historia, su papel y sus compromisos. Cada persona joven «escapa» de casa y luego procede a repetirlo, para verse poseída por ello a modo de sobrecompensación, o intenta «tratar» eso de manera inconsciente mediante una adicción, una vida prófuga o algún tipo de distracción. Dado que cuanto más se aleje alguien de esas influencias primigenias, más siguen llevando la batuta esas influencias espectrales, la mayoría de la gente se topa con un muro más tarde o más temprano. Lo que hagan entonces marca cualquier diferencia en su vida.

Una vida meditada, consciente y exitosa que finaliza prematuramente puede que tan sólo signifique que esa persona sirvió a los complejos, trámites, instrucciones o miedos de su familia, o su *Sitzim Leben* (una expresión alemana que se traduce, más o menos, como «asentamiento en la vida»). Sólo cuando el destino o algo muy profundo en nuestro interior nos obliga a examinar nuestras premisas esenciales, empezamos a considerar, e incluso a diferenciar, las oleadas de influencia que fluyen en nuestro interior.

Debemos recuperar la autoridad personal, porque el estruendo y las exigencias del mundo son demasiado grandes como para ignorarlos, demasiado intrusivos como para resistirse a ellos, incluso aunque pensemos que nos hemos rebelado y nos hemos ceñido a nuestro propio rumbo. Y pese a ello, cada vez que alguien afirma: «No he vivido la vida de mi madre», o «No repetiré el camino de mi padre», sigue respondiendo a la vida de otra persona, a alguna autoridad externa *de facto*. En cualquier momento dado, la consciencia de nuestro ego está sujeta a una plétora de voces, a una cacofonía de reivindicaciones al respecto. ¿Qué voces son las mías? ¿Qué advertencias derivan de otro tiempo o lugar? Con frecuencia no formulamos esas preguntas. Encontrar autoridad personal requiere de dos cosas: revisar el tráfico de nuestro interior y vivir lo que nos encontremos con valentía y coherencia. En una carta escrita en la década de 1950, Jung observó que el trabajo de ser un ser humano evolucionado consiste en tres partes. La psicología puede aportarnos *conocimiento*, pero entonces, insistía él, vienen las cualidades morales del individuo: la *valentía* y la *resistencia*. Por lo tanto, tras haber alcanzado potencialmente la consciencia, haber abrazado el conocimiento sobre en qué consiste en realidad el dilema, uno tiene entonces que dar con la valentía para vivir eso en el mundo real, con todos sus poderes punitivos, y hacerlo a lo largo del tiempo a pesar de la oposición tanto externa como interna.

La incapacidad de comprender esta tarea trina (conocimiento, valentía y resistencia) lleva a muchos a malinterpretar los dilemas a los que nos enfrentamos en la vida. Por lo tanto, la pareja que acude a un consejero matrimonial para «trabajar en su relación» puede que no haya discernido qué fuerzas, sanas o insanas, la hizo juntarse en primer lugar y qué significa «ceñirse a un compromiso». En la historia de una persona, puede que el conflicto haya sido tan invasivo que salga corriendo a la primera oportunidad, y que, por lo tanto, los llamamientos de esa persona relativos a la relación tengan poco que ver con la asociación externa, pero mucho con enfrentarse a los miedos de la historia y a las justificaciones persuasivas de la huida. Puede que la otra persona haya aprendido sobre la impotencia al principio de su niñez, en la que un entorno sofocante en forma de red le dijera: «No tienes derechos aquí. No tienes opciones aquí». Una persona así permanecerá a modo de esclava de una pareja narcisista, de un otro maltratador, que simplemente repetirá los mensajes patologizadores de la historia. Si esa persona quiere ver que su «enemigo» en este contexto no es su pareja, sino los poderes persuasivos del estado en la historia, entonces puede que se dé cuenta de que la longevidad por sí sola es un objetivo que no vale la pena. No es el otro, sino nuestra relación con la historia, con los mensajes discapacitantes de nuestro pasado dependiente, lo que nos está aprisionando. Una vez más, el simple hecho de darse cuenta de esto supone sólo parte de la batalla. Entonces viene la valentía para enfrentarse a lo que está programado internamente y sigue pareciéndonos aterrador: la desaprobación, la ira, la supuesta represalia por parte del otro. El 90 % de los miedos que nos atenazan derivan de nuestra historia psicológica, cuando la adaptación, la rendición de la verdad personal, era obligatoria debido a una situación en el entorno. No sólo debemos enfrentarnos a esta ansiedad arcaica en el momento de alcanzar el conocimiento, sino también con el tiempo, un día tras otro, durante el resto de nuestra vida. Parece fácil al decirlo, pero pasar por nuestros miedos históricos de agobio o abandono es la cosa más difícil que tendremos que hacer. Y tenemos que hacerlo hoy, aquí, ahora y de nuevo mañana para, sin duda, recuperar la autoridad personal.

Por lo tanto, por regresar a esa definición reveladora de la valentía (no tener miedo de uno mismo), vemos que a todos se nos pide que revisemos nuestro viaje, que redefinamos nuestra comprensión del yo y del mundo. Irónicamente, en este proceso, nos incita algo llamado *psicopatología*. Se trata de una palabra bastante fea, pero etimológicamente se traduce como «una expresión del sufrimiento de un alma». Esa traducción le confiere, de hecho, un giro distinto a las cosas. Se podría argumentar que la vida es bastante sencilla. Si haces lo que es correcto para ti, eso es correcto para ti. Si haces lo que no es correcto para ti, eso no es correcto para ti. Pero no es tan sencillo, ¿verdad?

¿Cómo sabemos que esto es adecuado para nosotros? Bueno, el cuerpo, nuestros sentimientos más profundos y la psique lo saben, y cada uno de ellos expresa su opinión, incluso aunque a una edad temprana aprendiéramos a evadir estos mensajes continuos procedentes de nuestras profundidades. Por lo tanto, el esfuerzo de recuperación debe empezar, por lo general, con la experiencia de una discordancia interna, un conflicto externo y, a veces, con la pena y la pérdida.

Con independencia de lo que sean la salud y la plenitud, ciertamente implican alinear nuestras decisiones externas con nuestra realidad interna. Cuando el camino en el que nos encontramos es adecuado para nuestra alma, la energía está ahí. Cuando lo que estamos haciendo es incorrecto para nosotros, podemos, temporalmente, movilizar energía en servicios de objetivos, y con frecuencia debemos hacerlo, pero con el tiempo esta movilización forzada da lugar a irritabilidad, ira, síndrome de desgaste y síntomas de todo tipo. Cuando lo que estamos haciendo es correcto para nosotros, la función sintiente nos apoya. Es decir, nuestro sistema sintiente autónomo respalda nuestras decisiones en lugar de oponerse a ellas. El apoyo de este proceso evaluador autónomo confirma la idoneidad de nuestras elecciones, incluso cuando todos a nuestro alrededor no las respaldan. Cuando hagamos lo que es correcto para nosotros, percibiremos una sensación de propósito, sentido y satisfacción, y eso también se comunica a los demás.

Vivir nuestra autoridad personal no nos librará del conflicto, del sufrimiento, de la marginalización, ni incluso del martirio. Muchas de las personas a las que más admiramos en la historia llevaron una vida desdichada, pero las veneramos porque algo veraz fue servido a través de ellos. Vivieron su llamada de la forma en la que todos somos llamados.

Clasificar y filtrar a lo largo del tiempo da lugar al *discernimiento*. Ésa es la razón por la que es necesario que encontremos nuestra voz en medio de las numerosas reclamaciones impuestas sobre nosotros, los conflictos de las obligaciones y el servicio compulsivo a nuestros complejos. Y entonces, como recordaba Jung, vienen las cualidades morales. ¿Puedo movilizar el coraje para enfrentarme a mi vida, para abordar todos los desafíos que se presenten, sabiendo que me veo de lo más socavado por los reflejos adaptativos de mi interior que antaño fueron tan necesarios? Esas «protecciones» son ahora restricciones en las que me veo encarcelado en mi propio pasado. ¿Y luego puedo vivir esas opciones a lo largo del tiempo, a pesar de las consecuencias, quizás de la pérdida de comprensión y apoyo por parte de mis seres queridos o del distanciamiento de mi tribu? A veces tan sólo tenemos que embarcarnos en ese camino porque somos ineludiblemente consciente de nuestra vida como invocación para mostrarnos como nosotros mismos lo mejor que podamos. En ocasiones tenemos que actuar como si no estuviéramos asustados, sólo para no ser dirigidos por el miedo. En esos momentos pasamos de ser criaturas de adaptación a criaturas cuya vida atestigua las posibilidades de ser que se despliegan.

Conocimiento, valentía y resistencia: no es una mala letanía de la que ser consciente cada día. Los días en los que la recordamos y lo hacemos lo mejor posible (todo lo que se pide de nosotros) son los días en los que recuperamos la autoridad personal de la cripta de la historia. Entonces puede que sepamos que de verdad hemos pasado a la segunda parte de la vida, aquella en la que recuperamos nuestra vida.

Capítulo 5

Intenta arreglar las cosas

La mayoría de nosotros somos conscientes del noveno paso de los programas de recuperación: arreglar las cosas con la gente a la que hemos hecho daño en los casos que hacerlo no provoque un dolor adicional. Una vez más, esto parece fácil y es, claramente, lo que hay que hacer cuando podamos. Pero ¿es tan sencillo?

La parte fácil (porque no es tan fácil) consiste en alcanzar la conciencia de cómo nuestro narcisismo, egoísmo, interés personal, ignorancia o inconsciencia ha hecho daño a otros. Esta dificultad se aplica, ciertamente, a miembros de grupos, como las naciones, las organizaciones institucionales y los movimientos políticos, sociales y económicos que han hecho daño a otros de manera abierta o indirecta. Aquellos de nosotros que hemos sido lanzados por el destino a las llamadas naciones del primer mundo hemos vivido durante mucho tiempo aunque haya gente desfavorecida. ¿A expensas de quién disponemos de nuestras comodidades, nuestra ropa, nuestro calzado, nuestros productos o nuestro estilo de vida? ¿La explotación continua de quién exigirá nuestra vida? Éstas no son preguntas fáciles, y si osamos contestarlas, ¿qué pasa entonces? ¿Endurecemos el corazón una vez más, encontramos la racionalización preparada y nos distraemos como antes? ¿Y cómo arreglamos las cosas con las generaciones de pueblos indígenas cuyas civilizaciones fueron destruidas en nombre de nuestro «progreso»? ¿Cómo compensamos a los grupos étnicos reprimidos y oprimidos por los gigantes de la historia que privilegian a un grupo a costa de otro? Arreglar las cosas debe comenzar, pues, con una mayor conciencia de los pecados de nuestros antepasados, de cómo nos hemos visto privilegiados por esas injusticias y de cómo esa injusticia se ve perpetuada por la inconsciencia, la indiferencia, un egoísmo interesado y una pura inercia hasta la fecha actual.

Arreglar las cosas con aquellos a los que hemos hecho daño mediante nuestras acciones o inacciones también es difícil, ya que requiere que en primer lugar seamos conscientes de ello. En *Swamplands of the soul*, examiné tres niveles de culpabilidad: la culpa contextual, la directa y la falsa. La culpa contextual se ha descrito en el párrafo anterior.

Ninguna nación ha alcanzado el poder sin oprimir a algunos de sus ciudadanos, ningún sistema económico representa un campo de juego nivelado y ningún excepcionalismo está libre de injusticias racionalizadas. Aquellos que argumentan lo contrario son moralmente obtusos o abiertamente malvados, ya que buena parte de la maldad surge de una adoración indiferente del propio interés.

Está, por supuesto, la culpabilidad que surge de un enfrentamiento honesto con nosotros mismos con la cara a la que tenemos que enfrentarnos cada mañana frente al espejo mientras nos lavamos los dientes: la culpa directa. No hay ningún adulto en el planeta al que no le aceche una larga lista de consecuencias. A veces, estas consecuencias se traen a nuestra consciencia porque alguien nos dice cómo le hemos hecho daño, lo hemos desatendido, lo hemos ignorado, le hemos impuesto nuestras necesidades, etc. Esta rendición de cuentas puede traer consigo una culpa incapacitante, quizás comprensible, pero que no sirve a nadie, y ciertamente no a los que ya han sido dañados.

Una vez más, allá donde sea posible, la compensación puede ser redentora, reparadora. Sin embargo, la vida rara vez nos da una segunda oportunidad con estos asuntos, y muchos han pasado su vida intentando reducir un karma manchado que creen que han acumulado en momentos irreflexivos. A veces, esta rendición de cuentas legítima puede verse compensada de formas simbólicas mediante la promulgación de actos compensatorios. Sin embargo, esta promulgación debe venir de forma consciente, para que la persona no quede atrapada en las redes manchadas de la compulsividad una vez más. Importa si servimos a algo redentor o a algo demoníaco, e importa todavía más que discernamos los orígenes de lo que sea que hagamos y si hacerlo sirve para algo sanador en nuestro interior o a algo que nos aferre de nuevas formas al pasado discapacitante.

La incapacidad de sentir este tipo de culpa honesta marca al narcisista, que es demasiado débil como para asumir la carga de sus decisiones, o al sociópata, en el que la capacidad de conexión se cerró hace muchos años. Para la mayoría de nosotros, la pregunta pragmática permanece siempre. ¿Qué es lo que me obliga a hacer o evita que haga mi culpa honesta?

La tercera forma de culpabilidad, que es la culpa falsa, surge de un nombre no apropiado: no somos culpables, sino que sentimos ansiedad. La mayoría de nosotros aprendimos pronto que representar quiénes somos no era algo especialmente visto con buenos ojos y que era incluso arriesgado, así que aprendimos a separarnos de nuestra propia naturaleza y lo hicimos durante el tiempo suficiente como para perder el contacto con ella. En cada uno de nosotros hay un monitor protector. Cuando surge un impulso natural, un motivo o acto espontáneo, algún sistema de advertencia antiguo y arcaico también se ve alertado y lo cierra.

Por lo tanto, la gente que comprende muy bien que el poder de decir que sí o que no a un momento constituye la libertad y la dignidad esenciales de cada alma también afirmará: «Y me siento culpable cuando digo que no». ¿Por qué somos culpables? ¿Culpables de qué? ¿De la legitimidad de nuestra propia naturaleza? ¿Por qué hemos aprendido a aliarnos tan fuertemente contra nosotros mismos? Describo un sistema protector interno cuyas raíces se encuentran en nuestro pasado arcaico cuyo objetivo es el de cuidar de nosotros, pero que socava nuestra verdad, nuestra integridad, nuestra adultez. A esta protección podemos etiquetarla como culpa, pero en realidad se trata de gestión de la ansiedad.

En cada uno de estos encuentros «cenagosos» hay una tarea, cuya identificación e implicación con ella puede llevarnos al engrandecimiento. Cuando, por ejemplo, nos sentimos culpables, podemos someter a ese estado de sentimiento a una sencilla prueba. ¿Es daño lo que le he hecho a otra persona, ya fuera intencionadamente o no? ¿O se trata de alguna forma de grieta interior en la que me alío contra mi propia realidad al servicio de encajar o de evitar represalias de algún tipo y, por lo tanto, siempre socavo la posibilidad de este momento con los programas protectores del pasado?

Si nos encontramos con el tercer tipo de culpa, el mecanismo protector en su papel familiar, entonces se exige una intencionalidad renovada. Al final, podemos abordar las constricciones autoimpuestas de una sola forma: el comportamiento contrafóbico. Es decir: tenemos que hacer aquello que nos da miedo. Debe experimentarse todo lo que esta culpa está protegiendo. Sólo entonces, cuando la vieja ansiedad nos inunde y luego retroceda, podremos estar ahí de pie siendo nosotros mismos. Sólo cuando podamos superar esta oleada de ansiedad y ver que no nos destruye, derrota, impide ni desvía, podremos aprender a estar libres de ella.

Por todas las reparaciones que le debemos a este mundo roto, por todas las compensaciones que les debemos a otros, también nos debemos a nosotros mismos, finalmente, el permiso para ser quienes somos de verdad antes de que ya no estemos aquí. Tenemos que reparar el daño a nuestra alma por todos los momentos de complicidad, cobardía y apropiación que antaño fueron protectores pero que ahora agrian el alma y la vuelven amarga.

Capítulo 6

Sal de debajo de la sombra de tus progenitores

Nuestros primeros modelos de lo «otro» derivan de nuestros cuidadores directos. Lo que sabemos ahora podíamos no saberlo entonces. Los progenitores no son gigantes, pese a que sus cuerpos parezcan enormes. Los padres no son dioses, a pesar de que parezcan suficientemente autoritarios. Los progenitores no son omniscientes, pese a que sospechamos que nos leen la mente con bastante facilidad. Sólo más adelante empezamos a ser conscientes de que tan sólo eran personas como nosotros, con frecuencia con unas historias de las que sabemos poco, con escaso acceso a la literatura, la información y los medios que damos por sentados. Lo que aprendieron de la vida, las instrucciones que obtuvieron solían proceder de sus modelos, de las exigencias de su tiempo, restando el abanico de permiso del que disponemos la mayoría de nosotros en la actualidad para examinar, comparar notas y criticarlo todo con las últimas informaciones. La mayoría de ellos estaban sumidos en la ignorancia y el miedo, y sufrían unas presiones desorbitadas: todo ello sin la oportunidad de expresarse que nosotros damos por sentada. Sus vidas solían ser furtivas, reservadas, cargadas de culpa y silenciosas, ya que hablar de estos asuntos equivalía a arriesgarse a sufrir unas consecuencias importantes. Las personas pertenecientes a otras religiones o razas eran sospechosas. Pese a que mostraban buena voluntad por todo, también temían la otredad y se aferraban a estereotipos y a líneas tradicionales de exposición y comunicación restringidas. No era un mundo para el que la nostalgia resulte adecuada. No existen los «buenos y viejos tiempos».

La memoria es engañosa y lo que se anhela es esa inconsciencia, esa «certidumbre» que consolaba a los ignorantes y les mantenía a salvo en sus categorías fijas de convicciones y conductas. Era un mundo constrictivo, un mundo ignorante, regido por el miedo, prejuicioso e intolerante, y agradezco mucho que haya desaparecido.

A pesar de estos grandes ejemplos, de estas instrucciones tan evidentes y encubiertas, disponemos de tres opciones: repetir lo que vimos, servir a los mensajes; huir de ellos a modo de sobrecompensación; o intentar «solucionar el problema», sanar la grieta en nuestro interior de alguna forma, sin apenas saber lo que dio lugar y mantiene esa grieta en nuestro interior.

Lo más frecuente es que sirvamos al modelo, a las instrucciones, a los lugares atascados que experimentamos en nuestras familias de origen, iglesias, sinagogas, mezquitas y vecindarios. ¿Todos los niños necesitan, desesperadamente, algo de seguridad, de consuelo y lo que sea más seguro que los valores usuales, las prácticas, las prohibiciones, las órdenes de marchar y las expectativas comunes que satisfacer? Sólo si cometemos el error de viajar y encontrarnos con que hay otro mundo, otro conjunto de opciones que no son las de antes, nos tropezamos con un mundo de posibilidades mayor. Y así, los patrones sofocantes pasan a la siguiente generación hasta que, como en las antiguas trilogías trágicas griegas, alguna persona ha sufrido lo suficiente, llega a una consciencia suficiente y rompe la madeja de la causa y el efecto. Sólo cuando se trasciende a los valores incestuosos del tribalismo (la idea más seductora a nivel emocional, pero psicológicamente primitiva, culturalmente empobrecida y peligrosa de todas), llega la renovación a la persona o el grupo.

En segundo lugar, algo en nosotros hace sonar una alarma, anunciando: «Algo está mal aquí, esto no es adecuado para ti. Debes encontrar una mejor forma». La mayoría de los niños lo intenta por lo menos una vez, y la mayoría son denostados y se encuentran con que cuesta mucho soportar el aislamiento y el castigo. La mayoría de los niños pasan a la clandestinidad. Algunos se comportan de formas inexplicables para sí mismos y los demás, mientras que unos pocos tienen la valentía de liberarse y alcanzar y declarar su independencia, sin importar del coste.

Esas personas, al percibir la dificultad de replicar la vida de algún otro, incluso la de un querido progenitor, comprenden «No puedo vivir la vida de mi madre» o «No repetiré la vida de mi padre». Y con la mejor de las intenciones, eligen a una pareja para reemplazar al progenitor o una cuyos valores rechazan a los de los padres, etc. La sobrecompensación sigue estando dirigida por el «eso no», en lugar de a partir de alguna energía rectora interior.

O, en tercer lugar, la persona vive un «plan de tratamiento» crónico, una vida construida sobre la exclusión, la reparación, la evitación y la resolución de estos modelos e instrucciones primigenios. Disponemos, después de todo, de una cultura popular cuyo principal objetivo es la distracción. ¿Pero distracción de qué? ¿Del bostezo existencial del abismo? ¿Del despliegue progresivo del envejecimiento, el debilitamiento y la muerte? ¿La profunda angustia del alma que ha perdido el rumbo? Sí, todo eso y más. Distracción significa que podemos seguir conectados a Internet, al ocio, a la conversación, a la controversia y a las imágenes e ideologías seductoras y, por lo tanto, ya no habitar el hogar del recuerdo. O podemos vivir una vida de entumecimiento (trabajar en exceso, drogas y alcohol, ideologías directrices, causas persuasivas) que nos permita anular la voz tranquila del alma en nuestro interior.

No pretendo sugerir que toda la crianza de los hijos sea patogénica. Más bien al contrario, la mayoría de los progenitores son bienintencionados y lo hacen lo mejor posible, tal y como se pone de manifiesto incluso con la generación de padres con la que crecí. Nunca critiqué sus buenas intenciones ni su amor por mí, y a día de hoy lamento lo mucho que les costó y qué deformaciones de su propia alma sufrieron, cosa de la que rara vez se quejaban. Después de todo, crecieron no esperando mucho más que esfuerzo, adversidad y, en el mejor de los casos, que sus colegas pensaran bien de ellos. Hay mala gente y padres realmente malos, pero ellos no eran malas personas ni malos padres. El comentario de Jung de que la mayor carga que debe soportar un niño es la vida no vivida de su progenitor es un recordatorio asombroso del coste silencioso que estas generaciones soportaron. El propio padre de Jung padeció depresión crónica y era incapaz de cuestionarse las premisas de su creencia, su condicionamiento o su tribu; y su madre fue crónicamente inestable. Y así, confesaba Jung, cuando pensaba en su padre, le venía a la mente la palabra «incapaz», y cuando pensaba en su madre, la expresión «poco fiable». Por lo tanto, dejado en el mundo con la dinamo de la incapacidad y la falta de fiabilidad en tu sala de máquinas, o repites esa situación o la sobrecompensas, o intentas solventarla.

La primera mitad de la vida se caracteriza por el papel que estas influencias ejercen en nuestra existencia. Abandonamos el hogar creyendo que hemos dejado a nuestros progenitores atrás y pasamos a asumir grandes papeles y tomar decisiones importantes y, sobre todo, tenemos grandes responsabilidades al convertirnos, nosotros mismos, en padres. Luchamos para encontrar nuestros caminos, pensando que hemos dejado atrás a esa familia de origen y ese tribalismo. Pero dado el poder de tales imágenes idealizadas, las servimos, intentamos compensarlas o buscamos, de manera inconsciente, arreglarlas. Y he ahí que la siguiente generación recibe la impronta no sólo nuestra, sino también de las generaciones con frecuencia invisibles que la precedieron. Sólo mediante el sufrimiento, alcanzando la consciencia y recibiendo una lección de humildad, se puede empezar de cero.

Cuando profanamos nuestra psique, nuestra alma, ese momento no pasa desapercibido por algo en nuestro interior. Por lo tanto, bastante a menudo la tarea del terapeuta consiste en recibir estos informes y dilemas y reestructurarlos en otra perspectiva. Entonces uno aprende que las protestas psicológicas, las discordancias relacionales y el malestar, después de todo, tienen significado. La mujer de cuarenta y dos años que es obsequiada con un sueño de que se encuentra en el hospital, visitada por su familiar favorito, y se le dice que va a morir, no está afectada por una enfermedad terminal. Más bien una voluntad útil en su interior le dice que las premisas, los guiones y los papeles de la primera mitad de su vida han sido servidos y que algo distinto está punto de comenzar. En la redefinición de ese sueño y de muchos otros retratos sintomáticos, uno puede pasar de la psicopatología del momento al sentido. Por lo tanto, en lugar de reprimir el síntoma y anestesiar la discordancia que provoca, podríamos más bien preguntar: ¿por qué ha aparecido?, ¿qué me está pidiendo? Y a la luz de este retrato del interior,

¿cómo puedo revisar mi vida? Sólo en estos momentos empezamos a salirnos de la influencia, por muy bienintencionada que sea, de las concepciones, paradigmas, limitaciones y modelos parentales.

A lo largo de los años, muchos progenitores meticulosos me han preguntado: «¿Cómo puedo ahorrarles a mis hijos esta discordancia por la que yo tuve que pasar?». Mi respuesta siempre es un tanto decepcionante para ellos. Lo que los padres pueden hacer por sus hijos es vivir su vida lo más plenamente posible, ya que esto abrirá la imaginación de sus hijos, les concederá permiso para que dispongan de su propio viaje y les abrirá las puertas de las posibilidades. Allá donde estemos atascados, ellos tendrán la tendencia de estar atascados o pasarán su vida intentando sobrecompensar. Vivir nuestro propio viaje de la manera más plena posible no sólo es un regalo para nuestra alma, sino que también libera a la generación anterior para que también viva el suyo. La verdadera libertad para vivir nuestra vida que deseamos de nuestros padres se la garantizamos, de este modo, a nuestros hijos para que vivan la suya.

Capítulo 7

Prométete liberarte

A lo largo de los años, una pregunta que con frecuencia hago en los talleres por todo el mundo es: «¿Dónde estáis atascados?». Inevitablemente, en cada taller, allá donde sea impartido, hay preguntas sobre las preguntas: «¿Qué significa esto?», «¿Puedes darnos un ejemplo?», «¿Está todo esto bien?». Estas preguntas son comprensibles a un cierto nivel, pero a otro son sintomáticas del problema tácito de la autoridad personal: ¿es esto lo que quieres y, por lo tanto, contaré con tu aprobación?, ¿puedo hacer esto?, ¿y qué pasa si supongo de forma incorrecta? La presunción es la del patrón padre-hijo, con independencia de cuánto nos enfrentemos de otro modo. Escribo esto no juzgando ni criticando, sino tan sólo para señalar lo sutil y sistémico que es el patrón de la autoridad externa, cómo persiste incluso en la vida más productiva y lo atascado que puede estar uno incluso en torno a la pregunta «¿Dónde estás atascado?».

Pese a ello, en todas estas ocasiones y lugares, nadie me ha pedido nunca que defina lo que quiero decir con *atascado*, incluso cuando esta palabra se traduce al sueco, al ruso o al portugués. Y todos empiezan a escribir en su diario al cabo de uno o dos minutos, sugiriendo esto que el concepto de estar atascado está bastante cerca de la superficie en nuestra vida y que todos tenemos una sensación de dónde estamos atascados. Pero si encontramos tan fácil traer a la mente nuestro atasco, ¿por qué es tan difícil desatascarse?

Durante milenios, los humanos hemos reconocido que con frecuencia somos nuestros peores enemigos, que los mismos problemas surgen una y otra vez en nuestra vida. En su Carta a los romanos, san Pablo señala que, pese a que conoce el bien, no lo suele practicar con asiduidad. ¿Por qué? Emplea un vocablo griego, *akrasia*, que podría traducirse como «voluntad dilatoria», o una insuficiencia de la intención. ¿Por qué, entonces (si estos lugares atascados nos duelen, nos avergüenzan y quizás incluso afectan a los demás), no tenemos más voluntad, una mejor voluntad y somos más resueltos?

Podemos estar seguros de que allá donde haya un lugar atascado en nuestra vida, tendremos un dedo del pie dolorido por habérnoslo golpeado, y que se ha desarrollado un complejo alrededor de este punto conflictivo y sensible. Podemos, por supuesto, movilizar incluso más voluntad, lo que a veces resulta ser eficaz, y superamos el obstáculo abriéndonos paso a empujones. Sin embargo, la mayoría de las veces prevalece un atasco renovado y siempre persistente.

Recomiendo dos principios de la psicología profunda que pueden ser de utilidad. Por *psicología profunda* me refiero a tener en cuenta a toda la persona y no sólo la conducta externalizada. Propongo dialogar con el mundo inconsciente (una imposibilidad desde la perspectiva de la consciencia limitada), monitorizar las energías invisibles que discurren por los campos de lo visible. Con ese fin tenemos dos principios:

No tiene que ver con lo que tiene que ver.

Lo que ves es una compensación por lo que no ves.

El primer principio nos dice que el lugar en el que hay un atasco no tiene que ver como lo que parece tener que ver. Por lo tanto, ¿con qué tiene que ver? Por ejemplo, una resolución común, tan fácil de frustrar, es el deseo de perder peso, hacer más ejercicio o practicar otras conductas de autosuperación. Pero ¿por qué estas intenciones se dejan de lado tan fácilmente?

Buena parte del hecho de comer, por poner un ejemplo, se ve motivado por agendas invisibles, por las necesidades nutritivas de la psique, por el hambre de la carne y el espíritu. Cuanto más concreta sea la necesidad, más fácil será de comprender. Cuanto más abstracta, más esquiva. Si la comida sólo tuviera que ver con la comida, entonces podríamos medir las cantidades y contar las calorías con bastante facilidad. Sin embargo, la comida es una materia animada, y la materia deriva de la *Mater*. ¿Qué alimenta nuestras necesidades más profundamente? Proyectamos sobre las materias primas de la comida nuestras necesidades emocionales y sociales, mucho más allá de las necesidades nutricionales del organismo. La comida se convierte en amor, continuidad y presencia dispuesta. Con independencia de lo horrible que haya sido el día, podemos llegar a casa, abrir la nevera, «se encienden las luces y ¡bienvenido a casa!». ¿Y cómo es que padecemos tantos trastornos alimentarios: anorexia, bulimia, obesidad? Estos trastornos son esfuerzos de una gestión excesiva en un mundo que se encuentra más allá de nuestro control o un lloro lastimero porque nunca hay suficiente amor, seguridad o consuelo. ¿Por qué no? Cuando la vida del espíritu se ve comprometida por el declive de las instituciones mediadoras y la imaginería conectora con lo trascendente, uno transfiere la búsqueda de lo numinoso (lo que le habla al alma, implica al espíritu) a algún sustitutivo, como el poder, los negocios, el sexo, la saciedad o una sustancia paliativa.

Así, cuán difícil se vuelve entonces regular, sólo mediante la voluntad, estas sustancias portadoras de metáforas y encarnadoras de símbolos. Pensamos que se trata sólo de la comida, sólo del sustento, pero todo consiste en lo que falta en nuestra vida: ¿y por qué íbamos a desprendernos de nuestro calmante disponible, de nuestro plan de tratamiento? Ahí es donde se origina el atasco y luego se blinda con Líneas Maginot de defensa, racionalización y refuerzos. Por lo tanto, debemos averiguar en qué consiste en realidad el lugar donde se encuentra el atasco. Además, debemos reconocer que lo que somos capaces de identificar fácilmente, por ejemplo el comportamiento, es sólo lo que es visible, mientras que es el mecanismo invisible el que dirige nuestra vida.

Bajo cada lugar con un atasco hay un cable, por así decirlo, que llega hasta el campo arcaico y activa un campo de ansiedad del que somos, en gran medida, inconscientes, pero que tiene suficiente poder para reforzar el complejo que sea que haya estado resistiéndose al cambio. Al igual que la ansiedad, es amorfo, libre e imperceptible, pero pese a ello bastante real. Si podemos entrar en esa nube oscura podemos encontrar miedos concretos. Por poner un ejemplo, si me desprendo de mi conexión cotidiana con la comida como objeto consolador, ¿qué habrá entonces en la oscuridad para mí? Recuerdo a una mujer en una mala relación diciéndome que no dejaría ir esa mano hasta que no hubiera otra mano en la oscuridad para ella. Por lo tanto, nos aferramos a aquello que, al final, nos ofrece sólo una pizca de sustento y deja atrás sus huellas en el cuerpo corpulento. Lo mismo pasa con la dependencia sexual, las conductas ritualizadas y todo lo que parece ofrecer continuidad y conexión en un mundo disyuntivo. Los vínculos numinosos que se nos proporcionaron a muchos mediante la mitología tribal están en la actualidad dispersos entre el mundo secular, en el que los individuos deben ahora buscar sus propias conexiones.

Al final, hay dos amenazas existenciales para nuestra supervivencia y bienestar: el miedo al *agobio* y el miedo al *abandono*. En el encuentro con el primero, se nos recuerda nuestra impotencia relativa en un mundo grande y potencialmente invasivo. Esta discrepancia, esta imprevisibilidad del entorno, se inculca en la infancia y se refuerza y ratifica por múltiples experiencias del poder del mundo por encima de nuestras capacidades. No es de sorprender que aparezcan tantas estratagemas de poder en las relaciones de pareja, para el que no quiere asegurar algo mensurable, predecible y controlable.

De forma similar, la amenaza existencial opuesta, el abandono, significa que la persona se ve impulsada hacia el logro para alcanzar los elogios consoladores del otro, o que transfiere la necesidad de sustento, constancia o consuelo a algún sustitutivo prometedor, pero aleja al otro mediante comportamientos coercitivos. Puede que la persona también busque una posición en la vida en la que la aprobación y el consuelo se proporcionen a nivel estructural, o que se vuelva adicta a una sustancia cuya presencia sea fácilmente gestionada pero cuyo beneficio en cuanto a la satisfacción se reduzca poco a poco. Esta necesidad de conectar con, creer profundamente en y obsesionarse con el otro es uno de nuestros patrones humanos más comunes al reaccionar ante el cambio, la discontinuidad y la ambigüedad.

Es por esta razón por la que los fundamentalismos de todo tipo, en todos los rincones del mundo, responden a los cambios de nuestro tiempo, a la deconstrucción de supuestas fijezas, con tanta militancia e incluso violencia. Esas mismas almas afligidas no insistirían con la medicina practicada hace milenios si tuvieran que ir a las urgencias de sus hospitales esta noche, pero pese a ello, insisten con dogmas tribales, agrarios y provincianos ratificados por la tradición en sus historias tribales, con todas sus normas y prejuicios primitivos. Todo este comportamiento discrepante y desesperado es una reacción frente al abandono, aunque se esté desarrollando de manera inconsciente en las profundidades de su inconsciente. Al verse abandonados por la certidumbre, también se van volviendo desesperados por reconstituir la autoridad presuntiva de la certidumbre, su presencia presuntiva.

Por lo tanto, empezamos a formarnos una imagen de por qué es tan difícil desatascarse. La cosa no consiste en el atasco y lo que podemos ver suele ser sólo una manifestación superficial de lo que no vemos. Lo que no vemos es la forma en la que este organismo sensible que somos moviliza sus defensas, sus proyecciones y sus fijaciones sobre objetos, comportamientos, imágenes, prácticas, códigos, instituciones y dogmas, justo porque parecen ofrecer cierto alivio de la ansiedad arcaica a la que todos estamos sujetos.

Ninguno de nosotros está libre de patrones adictivos (con esto me refiero a los *sistemas de gestión refleja de la ansiedad*). Francamente, debemos disponer de estos sistemas, pero pueden llegar a gestionarnos ellos, en lugar de ser al revés. Es entonces cuando el coste de la adicción se acumula. *Refleja* significa que nuestra respuesta es automática y no razonada, no matizada ni diferenciada, y está repleta de racionalizaciones ensambladas con antelación para defender el comportamiento en cuanto es cuestionado. La ansiedad es ubicua y dirige al animal humano, por lo que es comprensible por qué podríamos desarrollar nuestras técnicas protectoras. Mediante la repetición, estas protecciones quedan fijadas y se convierten en sistemas que llevan una vida propia, convirtiéndose en los gobernadores titulares de nuestros reinos independientes. Por lo general son estos sistemas de gestión los que nos prometemos reemplazar o trascender a ellos, pero esto también explica por qué son tan resistentes a nuestra voluntad. Reemplazar esos sistemas implicará que o los sustituiremos por otros sistemas, quizás incluso más dominantes o costosos, o que nos plantaremos al desnudo frente a nuestras dos mayores amenazas: el agobio y el abandono.

Por consiguiente, tenemos que hacer las paces con nuestro atasco y seguir adelante lo mejor que podamos o arriesgarnos a la activación de la ansiedad arcaica que se acumula en el sótano histórico para todos nosotros. Si podemos discernir en qué consiste realmente el lugar del atasco, entonces habremos eliminado un miedo concreto de la montaña de ansiedad incapacitante. En la mayoría de los casos, ese miedo no se dará, pero podría, y siempre llevamos con nosotros el recuerdo de cuando se dio y fue demasiado para nosotros. Esos miedos incluyen unas premisas implícitas, como «Si sigo adelante en este frente, estaré ahí fuera solo, o perderé la comprensión y el apoyo de mis seres queridos de mi tribu y no podré soportarlo».

Naturalmente, no pensamos en esto de un modo consciente, ya que si lo hiciéramos, podríamos, en primer lugar, darnos cuenta de que eso no sucederá o, en segundo lugar, si acaeciera, podríamos gestionar el coste, dado que una persona resiliente ha ocupado el lugar del niño dependiente e impotente. Pero, en tercer lugar, a veces tenemos que ir ahí, al lugar del miedo, para madurar, para recuperar nuestra vida de las manos de las defensas montadas, de las cuales son cómplices la negación, la repetición y la racionalización. Sólo en esos momentos en los que nos hacemos cargo de la vida, cuando atravesamos el campo arcaico de la ansiedad, cuando pasamos por el bloqueo, obtenemos una vida más grande y nos desatascamos. Irónicamente, entonces tendremos que enfrentarnos a una nueva ansiedad, la de entrar en una vida más grande que la que nos ha resultado cómoda en el pasado. Este crecimiento en sí mismo puede ser tan intimidante que con frecuencia elegimos permanecer con el viejo atasco. Debemos querer algo más grande, desearlo de verdad. Debemos arriesgarnos a sentirnos peor antes de sentirnos mejor, y tenemos que arriesgarnos a la pérdida de la tristeza tan consoladora del atasco.

Capítulo 8

Regresa a tu tarea

Platón argumentaba que nacemos «sabiendo», pero que las abrasiones de la vida cotidiana desgastan eso. Todos hemos oído el relato del niño de tres años que, frente a su hermanito recién nacido, le dice: «Dime cómo ha sido. Yo ya me estoy olvidando». El recuerdo del Edén despejado y umbilical ya se está desvaneciendo en la mente. En una ocasión, mientras leía un texto chino antiguo, tropecé con la imagen «del hombre que vive en la Casa del Autorrecogimiento». La imagen me impactó con la conmoción del reconocimiento, ya que con frecuencia pienso en los costes corrosivos de la vida cotidiana, las múltiples afirmaciones sobre nosotros y los compromisos legítimos e impuestos, que sólo la metáfora del desenmarañamiento puede resumir.

Jung apuntaba que en casi todos los casos que atendió, la persona sabía, desde el principio, cuál era su tarea. La neurosis que se presenta, el bloqueo y los obstáculos que oscurecen la tarea son sólo las distracciones superficiales procedentes de la intimidación implícita de saber realmente qué es correcto para nosotros. Pero algo en nuestro interior siempre sabe lo que es correcto e incorrecto para nosotros. Lo sabemos desde niños, y lo que sabíamos entonces queda anulado por los poderes y autoridades del mundo y la necesidad de encajar de algún modo.

Además, Jung señaló que incluso nuestras neurosis, nuestros giros, vueltas y permutaciones del alma son esfuerzos para sanar algo que echamos de menos. Pero en estas defensas organizadas de un modo reflexivo contra nuestros dolores, programamos otras consecuencias, otros daños colaterales. Anestesiarse con respecto al mundo es comprensible, la evitación es estratégica y la complicidad es consoladora, pero cada una de ellas pone en marcha una respuesta falsa ante los retos de la vida. Si llegamos a estos lugares de alivio momentáneo, algo sigue quejándose desde el interior, ya que la adaptación no implica resolución y la huida de la discordancia no equivale al sentido. Jung acertó de pleno: «Una psiconeurosis puede comprenderse, en último término, como el sufrimiento de un alma que todavía no ha descubierto su sentido».[4] Adviértase que no descarta el sufrimiento, ya que éste, tal y como afirma el viejo dicho medieval, «es el caballo más rápido para alcanzar la compleción».

Con frecuencia, la huida debida al sufrimiento conduce a una vida trivializada, distraída, anestesiada. La clara implicación de la posición de Jung es que abrirse camino hasta llegar al sentido (es decir, hasta una visión ampliada de nuestro dilema y quizás hasta una visión ampliada de nuestras propias invocaciones) puede llevarnos a través del valle de las sombras. Añade: «Entre mis pacientes, que son de muchos países, y todos ellos personas instruidas, hay una considerable cantidad que vino a verme no porque estuviera sufriendo una neurosis, sino porque no podía encontrar sentido a su vida o se estaba torturando con preguntas que ni nuestra filosofía ni nuestra reunión podían responder».[5]

Soy incapaz de contar las veces que alguien me ha dicho, en medio de un análisis o un taller: «Sé que debería… (rellénese el espacio en blanco)». ¿Cómo es posible que lo sepamos y que no podamos llevarlo a cabo? Este dilema se remonta, sin duda alguna, al capítulo sobre el atasco, y debemos recordar que en esos bloqueos estamos sucumbiendo a una ansiedad ancestral de algún tipo: tememos ser ridiculizados, dejados solos, caer de bruces, etc. Todos tenemos esos miedos, pero en lo más profundo de nuestro ser se encuentra esa llamada de nuevo, esa invocación. ¿Cuántos talentos se han desatendido, cuántas oportunidades se han abortado, cuántos riegos se han racionalizado? Cada uno de estos momentos de postergación, racionalización y evasión se produjo cuando le dimos la espalda a nuestra propia alma.

---

4. JUNG, C.: «Psychotherapists or the clergy», en *Collected works XI*. Princeton University Press: Nueva Jersey, 1958, p. 330.
5. JUNG, p. 336.

¿Cuál es, pues, nuestra tarea? Dos cosas: la individualización y superar los obstáculos concretos que el destino ha situado en nuestro camino.

En primer lugar, la individualización: ¿qué quiere decir este término? Con demasiada frecuencia, el mundo parece dar rienda suelta al narcicismo y, en el mejor de los casos, parece un camino para el egoísmo interesado por encima de las necesidades de los demás. Lo que Jung quería decir con este término es bastante contradictorio con estas presunciones. La individualización es una invocación religiosa, cuya huida conduce a patologías de todo tipo: relaciones distorsionadas, comportamientos anestesiados o distractores que conducen a un camino que se estrecha o a un malestar crónico, cuya cura nunca se encuentra en medicaciones ni en nuevas relaciones o empresas. Mientras estemos huyendo de nuestra propia alma, ningún logro, solución intermedia ni acuerdo nos satisfará. La individualización es, he hecho, *servicio*, ¿pero un servicio a qué?

Cuando estaba escribiendo mi libro *What matters most*, la primera cosa que me acudió a la mente, aparte de las respuestas convencionales relativas a la familia, los amigos y el buen trabajo, fue que la vida no debe estar gobernada por el miedo. El miedo es inevitable, pero una vida en la que el miedo lleva la batuta es una vida que da como resultado unas terribles malformaciones del alma. Como sabemos, la naturaleza siempre exige su cuota, y así, el alma, que es nuestra metáfora del hecho de que somos ese animal que busca sentido y crea sentido, exige respeto. No puedo explicar cuántas buenas personas me han dicho que nunca habían querido estar en su profesión concreta, pero que eso complacía a sus padres, les hacía sentirse válidos o les ofrecía seguridad económica. Una cantidad igual ha dicho lo mismo de sus compromisos relacionales, incluyendo: «Las invitaciones ya se han enviado», «Hemos puesto demasiado dinero en el evento como para echarnos atrás», etc. Echando la vista atrás sobre muestra vida, podemos reconocer que muchas decisiones críticas fueron dirigidas por miedos: el miedo a decepcionar a otros, el miedo a la vergüenza, el miedo a la pérdida del consenso familiar, etc. Y, con frecuencia, esos miedos toman decisiones por nosotros, por lo general para desenmarañarse a lo largo de años de conflicto, depresión, ira y mayores titubeos.

Tarde o temprano, nuestra psique interviene con sus informes porque algo en su interior está provocando dolor, y los esfuerzos habituales por eliminar ese dolor han fracasado. Naturalmente, a una persona le gustaría creer que el terapeuta posee magia, o por lo menos un plan en varios pasos para la resolución del dolor. De hecho, los terapeutas sólo disponen de un plan con muchas variaciones, por supuesto: en concreto, el reto de vivir con la realidad de nuestra propia alma. Cuántas veces he preguntado: «¿Qué crees que ha provocado esta discordia en tu interior? ¿Crees que tu psique está intentando decirte algo retirando su apoyo y respaldo de allá donde la consciencia del ego invierte sus energías?». Estas preguntas provocativas son herramientas retóricas para hacer que una persona regrese a sus propios recursos.

Volver a entrar en nuestra vida y regresar a la tarea de convertirnos en quienes somos realmente cuando no nos vemos definidos por papeles, categorías o las expectativas de los demás, es una invocación de lo más amedrentadora.

Para contrarrestar el miedo a entrar en el mundo como nosotros mismos, con frecuencia he invocado a este viejo dicho: «¿Cómo te sentirás si estando consciente en tu lecho de muerte, supieras que no habías estado en este mundo siendo tú mismo?». Nadie ha sugerido todavía que se sentiría bien con esa perspectiva deprimente. Eso me dice que algo dentro de cada uno de nosotros sabe lo que es adecuado para nosotros y cuándo estamos viviendo en *mauvaise foi*, o mala fe. Nuestra alma puede gestionar muchas cosas: el sufrimiento, la pérdida, el aislamiento y mucho más si siente que el sufrimiento tiene una finalidad. No puede tolerar durante mucho tiempo el sufrimiento sin sentido ni soportar sin objeción nuestras soluciones intermedias con nosotros mismos. Tal y como señaló Jung, la más pequeña de las cosas con sentido es infinitamente mayor que las cosas sin sentido. Y el sentido es definido por nuestra alma y no por nuestra cultura.

Regresar a nuestra tarea también significa que tenemos que mostrarnos tal y como somos, añadiendo nuestra pequeña pero críticamente importante pieza al misterioso puzle de la vida. Y tenemos que hacerlo pese a cualquier obstáculo que el destino, los dioses caprichosos o la gente perniciosa en nuestra historia nos hayan traído. En otras palabras, el sentido de nuestra vida será función directa del nivel al que casi nos convertimos en nosotros mismos y nos mostramos lo mejor que pudimos a pesar de las dificultades que nos presentó la vida.

Con frecuencia hay una satisfacción perversa en el autosabotaje, en el deslizarnos en nuestra autoimagen que niega la vida, en alejarnos cuando la incitación es grande, psicológicamente hablando. En esos momentos, se nos pide que regresemos a nuestra tarea, la de ser quienes somos. Tan fácil, tan difícil y tan profundo. Y ése es nuestro regalo para el mundo, no como un autoengrandecimiento, no como un autoinfla-miento, sino como el sencillo servicio al alma. ¿Qué puede ser más importante, intimidatorio y persuasivo en nuestro viaje que honrar al alma de esta forma aleccionadora? Aunque el destino suele ser duro y delimitante, la mayoría de nosotros carecemos de esta excusa. Olvidamos nuestra tarea, nuestra responsabilidad para con nuestros talentos, nuestros intereses y nuestras perspectivas únicas sobre el mundo, porque es más fácil hacer esto. Olvidamos, simplemente olvidamos. Pese a ello, algo en nosotros recuerda y protesta. Por lo tanto, desestimamos las protestas, el sueño inquietante, el miedo que nos despierta a las tres de la madrugada. Huimos de nosotros mismos hacia lugares de seguridad, de consuelo, a la fantasía de encajar.

No juzgo a una persona así, porque yo soy así muchos días, aunque otros días me enfrente a los miedos, la falta de permiso y la amedrentadora inmensidad de todo ello, y me muestro lo mejor que puedo. No puedo decir que no lo sepa, que sea un ignorante o que esté desinformado, y tú tampoco puedes decirlo más. Hemos puesto muchas excusas en nuestra vida, ofrecido muchas racionalizaciones y evidenciado muchas evasiones, pero algo en nuestro interior persiste, aparece, perturba nuestro sueño y nos pide más, y tarde o temprano todos tenemos una cita con nuestra alma. Si nos mostramos o no, si recordamos la tarea divina, es algo que está por ver.

Capítulo 9

Escoge el camino del engrandecimiento

Un instrumento muy eficaz cuando nos enfrentamos a los bloqueos y las decisiones difíciles consiste en hacer la muy pragmática pregunta: «¿Esta opción me hace crecer o me empequeñece?». Yo digo que por lo general conocemos la respuesta a esa pregunta de inmediato. Si no la sabemos, entonces es importante continuar con la pregunta, ya que su resolución siempre aparecerá: en forma de una imagen en sueños, como una comprensión repentina en plena noche, como una percepción que se produce en medio del tráfico cuando el ego no está manteniendo su vigilancia habitual contra los pensamientos inquietantes. Y entonces conocemos la respuesta a esa pregunta. Deberíamos escoger el camino del engrandecimiento y no el servicio a la riqueza, el poder, la fama o los elogios de los demás, porque eso es lo que el alma nos pide. Cuando elegimos lo pequeño no tenemos que entrar en lo grande, lo que resulta bastante consolador hasta que nos damos cuenta de que estamos viviendo una vida pequeña y empequeñecida.

Podemos tener por seguro que hay muchas fuerzas en este mundo que contribuyen al empequeñecimiento. Son bien conocidas: la pobreza, la falta de educación, los prejuicios, el hecho de lidiar con un terreno de juego inclinado.

Sin embargo, el mayor empequeñecimiento de todos es la profunda lección derivada de haber sido pequeño, dependiente e ignorante; y todas esas bases, repetidas a lo largo de la mayor parte de nuestra vida formativa, alimentan el empequeñecimiento, el empobrecimiento psicoespiritual, la vergüenza y la falta de mérito.

Recuerda el mensaje común durante la infancia: *el mundo es grande y tú no lo eres. El mundo es poderoso y tú no lo eres.* Este mensaje, cuando se aprende en exceso, permanece con nosotros a lo largo de todos nuestros viajes. Lo que nos vuelve timoratos es la activación del viejo paradigma con el que todos crecimos: que somos pequeños y que el mundo es grande. Ese mensaje es corrosivo para nuestro sentimiento de valía, para nuestro derecho a las posibilidades, para nuestro derecho a soñar. No estoy respaldando la pomposidad, el hinchamiento orgulloso, la soberbia o cualquier otra negación ilusoria de la realidad. Sin embargo, la mayoría de nosotros simplemente vivimos una vida demasiado pequeña para nosotros.

En sus varios ensayos sobre la condición humana, Jung escribe que las invocaciones a la condición de persona son una llamada, un verdadero *vocatus* en el sentido original de una llamada procedente de lo sagrado. Obedecer a esta llamada equivale a una obediencia religiosa a algo que es mayor que nosotros. Y ahí se encuentran tanto el camino como el problema.

Todos conocemos a gente con unos privilegios excesivos cuyo hinchamiento narcisista parece no tener límites, que no respetan la democracia de la tumba. También conocemos a personas cuyas inseguridades centrales han dado como resultado un hinchamiento orgulloso compensatorio. Son las personas poderosas e influyentes en el mundo. Le mienten al mundo porque tienen que mentirse a sí mismos. Tal y como supuestamente dijo la gran filósofa estadounidense Pearl Bailey: «Eso que ellos creen que son no lo son». No es de su hinchamiento orgulloso compensatorio de lo que hablo. La consecución de la condición de persona no consiste en el autoengrandecimiento, sino en responder a una llamada a entrar en el interior de uno mismo, honrar los propios intereses, talentos y llamadas, tanto si es reconocida por los demás como si no.

Al pasear por el Museo Smithsonian de Arte Americano, siempre me emociona una escultura que hay allí. Se llama *El trono del tercer cielo de la asamblea general del milenio de las naciones*, y es la obra de una vida de un caballero que trabajaba como conserje para el gobierno federal. De día, James Hampton barría los suelos y limpiaba los baños, y por la noche caminaba con dioses y con la visión que le habían revelado. Lentamente, con el papel de aluminio de mil tiras de goma de mascar y los fragmentos desechados por un público aburrido que pasaba por los edificios que tenía a su cuidado, armó su gran visión. No conozco a ningún otro artista con una visión así de grande, incluyendo a Miguel Ángel, que como mínimo tuvo mecenas con los bolsillos abultados. Poco a poco y en privado, elevaba sus alabanzas en el santuario de su genio particular.[6] Éste es un hombre al que admiro muchísimo. Llevó a cabo su trabajo, honró su visión en casa, en su garaje, y nadie lo vio hasta su muerte. Dialogó no con el apoyo público, ni con la fama, ni el compañerismo, sino con lo realmente grande.

Todos tenemos una llamada. Algunos lo encontrarán en nuestra capacidad para atender las necesidades del mundo doliente a nuestro alrededor. En el caso de otros serán los trabajos manuales. Para algunos consistirá en el trabajo de la mente que abre puertas y hace añicos las cadenas, y para otros consistirá en la exploración de la naturaleza. Para algunos será hacer retroceder los márgenes de nuestra sensación limitada de lo que es posible; pero para todos nosotros hay una gran invocación.

A partir de la infancia, todos sentimos que los demás lo tenían todo bajo control y nosotros no, que los demás sabían qué estaban haciendo, mientras que, claramente, ése no era nuestro caso. Sin embargo, nunca hemos tenido acceso a sus dudas, sus errores, sus momentos de cobardía moral, sus vergüenzas. Sólo cuando arriesgamos nuestro propio viaje podemos empezar a retirar nuestras proyecciones relativas a los demás. *Todos* a los que conocemos padecen sus propios problemas. Durante la mayor parte del tiempo no quieren que lo sepas y, además, están intentando dar con formas de no saberlo ellos mismos.

Como aprendemos a una tierna edad que la respuesta segura suele yacer en la negación de la realidad de nuestros propios sentimientos, pronto nos alineamos contra nuestra autoridad personal, convirtiéndonos en desconocidos para nosotros mismos. Como nos volvemos su-

---

6. Recuerda que el término «genio» (en su acepción como «lumbrera»), procede de «*genio*», la presencia espiritual inherente en cada uno de nosotros. Todos poseemos esa presencia, pese a que podamos haber perdido el contacto con ella hace muchos años.

perficiales con esta autonegación, olvidamos, con el tiempo, que lo que sentimos de verdad importa. Como contrapeso, debemos recordar que no elegimos nuestros sentimientos. Los sentimientos son respuestas autónomas del organismo a cómo están yendo las cosas desde su perspectiva. Podemos elegir ignorar los sentimientos, proyectarlos sobre otros, anestesiarlos, etc., pero no los escogemos. Me llevó bastante tiempo, como persona pensativa que soy, ser consciente de esta verdad elemental. Tras haber vivido en un entorno en el que mis sentimientos podían menospreciarse tan fácilmente y al ser consciente también de que la expresión de éstos podía desestabilizar todavía más un entorno tenso, pronto me aislé de ello. Se dio un punto de inflexión en mis primeros tiempos como profesor universitario cuando un alumno, que sin duda actuó con buena intención, dijo:

—Quiero ser exactamente como usted

—¿Y eso? –le pregunté.

—No tener sentimientos –dijo.

Creo que quería decir «indiferente» o algo así, y aunque no podía creer que su valoración fuera precisa, su percepción sobre mí tenía que estar basada en algo. Era, por supuesto, una de mis muchas grietas en una política de autocontención que había resultado ser protectora, pero cuyos «amortiguadores» habían constituido un abismo patológico entre mi imagen pública y mi realidad interna.

El recuerdo de la intimidación por lo grande nos constriñe a todos. Formular la pregunta en momentos críticos de nuestra vida, de las relaciones, de las trayectorias profesionales o de los estilos de vida puede tener una importancia decisiva. ¿Me hace esto grande o me hace más pequeño? Todos recordamos momentos en nuestra vida en los que optamos por la ruta más pequeña y con frecuencia más segura, y el hecho de que recordemos, de que algo en nuestro interior duela, es, en sí mismo, una pista de que la invocación o llamada prosigue. No se puede usar una historia de decisiones evadidas, una vida de vergüenza o patrones de decisiones contraproducentes como excusa para seguir siendo pequeños psicológicamente hablando. Una vez que sabemos, una vez que recordamos, no podemos no saber.

Reiterando la idea, la elección de lo grande no es en servicio de la pomposidad ni el hinchamiento orgulloso, sino más bien al contrario.

Es en servicio de nuestro reconocimiento creciente de que algo más, además de la seguridad, encaja y la protección solicita nuestro reconocimiento. En lugar de vernos esclavizados por nuestros miedos, en servicio de nuestra herencia limitante o nuestra historia debilitada o incluso devastada, comprendemos finalmente que estamos llamados a algo grande. Nuestra actitud hacia los demás cambia entonces. Nos volvemos menos miedosos, menos desconfiados, menos dependientes, porque sabemos que tenemos una llamada para otra cosa. Es natural tener miedos con respecto al mundo. Sólo una persona psicótica no los tendría. Pero supone una violación de nuestra alma vivir nuestra vida gobernados por nuestros miedos.

En última instancia, para acceder a lo más grande, debemos *atravesar* (superar) nuestros miedos. Debemos hacer énfasis en el término *atravesar*. No hay magia, no hay un conjunto de cinco pasos para deshacerse de los obstáculos ni ninguna píldora ni narcótico para hacerlo todo posible. Sólo hay el hecho de atravesar y luego darse cuenta de que estamos al otro lado de ese problema. Mientras el niño se ve dominado e incluso devastado por la pérdida de la aprobación por parte de otros, la persona que pasa a través de todo esto encuentra algo en su interior que respalda, aprueba y conduce.

Friedrich Nietzsche disponía de un aforismo peculiar que expresó mediante su personaje Zaratustra. Somos, apuntaba, un derrumbe u ocaso y un puente. Somos un abismo, y somos la cuerda floja que atraviesa el abismo. ¿Qué debemos hacer con esos problemas? Creo que naufragamos muriendo en cuanto a nuestros viejos miedos y creencias y que pasamos al otro lado viviendo nuestra vida de la mejor forma posible. También sospecho que, con «abismo», Nietzsche subrayaba la magnitud del hecho de ser. Casi un siglo después, Martin Heidegger apuntó que el abismo era una «franqueza del hecho de ser» en lugar de aquello que nos engulle. Cuando seguimos siendo prisioneros de nuestros complejos y de su ámbito ligado a la historia y poco imaginativo, ¿qué otra cosa podemos hacer sino repetir nuestra historia fugitiva? Cuando invocamos al ego timorato hacia la magnitud del propósito de nuestra alma, atravesamos algo profundo en nuestro interior que mora en medio del abismo: es la parte más difícil de atravesar. Todos aquellos a los que admiramos en la historia tuvieron que atravesar algo, y cuando lo hicieron, aprendieron, al otro lado, que seguían estando ahí pese a que el mundo era diferente. Entonces empezaron a entrar en sus posibilidades y sintieron, de forma más completa, el apoyo de las energías de su interior.

En todos esos años sólo he conocido a una persona que tuviera este sentido de lo grande en su interior, incluso siendo niña, y la valentía de vivirlo. Llamaba a esta voz interior, a su genio rector, EQSHP, un acrónimo de Eso Que Siempre He Pensado. Por razones que desconozco, esta residente temporal incondicional tenía confianza en esa voz que todos tenemos en nuestro interior. Confiaba en ella, pasó momentos difíciles con ella y llegó al otro lado, al igual que haremos todos nosotros si nos arriesgamos a confiar en nuestro propio proceso de individualización, en nuestro propio espíritu rector y en nuestra invitación a escoger lo grande por delante de lo pequeño. Entonces servimos no a nuestros egos, sino a nuestro mundo, y le aportamos una mayor contribución.

Capítulo 10

¿Qué don has estado ocultándole al mundo?

Nunca he olvidado la observación de una mujer de sesenta y cinco años que inició su terapia hace algunas décadas diciendo: «No puedo usar la expresión *yo / yo misma* sin estremecerme». Prosiguió explicando que había sido educada en un entorno religioso estricto y que cualquier niño que usara la expresión *yo / yo mismo* era regañado y recibía castigos corporales. La forma en la que esos adultos pensaban que eso ayudaba a los niños a convertirse en adultos sanos se me escapa. Sí, se aseguraron de que los niños a su cargo no se convirtieran en narcisistas, pero también se aseguraron de que los niños a su cuidado se volvieran temerosos, neuróticos y menguados. Y lo mismo se aplica a la mayoría de los entrenadores deportivos a los que he observado. La mayoría de los jóvenes necesitan a un progenitor alentador y positivo, a alguien que crea en ellos, y no a un adulto que los menosprecie y que destroce sus frágiles esfuerzos.

No hay nadie a quien conozca que carezca de heridas en su autoestima. Estas heridas a veces devastan a la gente y dirigen toda su vida. Puede que se hayan identificado con la pobreza que había a su alrededor, que internalizaran el maltrato que sufrieron o vieron y, por lo tanto, que eso colabore en su victimización. Otros se encuentran con su resolución avivada, con su deseo de tener éxito activado. Jung apuntó que, generalmente, detrás de la herida se halla el genio de la persona. Es decir, el lugar en el que estamos heridos suele estimular que la consciencia, la resolución y una energía abundante persistan e incluso prevalezcan. La clave no consiste en lo que nos suceda, sino en cómo se internaliza y si esos mensajes incrementan o reducen nuestra resiliencia. Una vez más, la cuestión no es lo que sucedió, sino lo que nos hace hacer o lo que evita que hagamos. Ésa es la razón por la cual dos personas pueden experimentar unas dificultades comparables en la vida y seguir delante de formas bastante dispares.

Todos deseamos ser vistos, y muchos, quizás la mayoría de nosotros, no lo somos. El ascenso de la era de Facebook y de la moda de los selfis y los muchos blogs apuntan, todos ellos, a una necesidad desesperada de sentirnos valorados y vistos, y es de esperar que afirmados. Tal y como señaló Andy Warhol hace varias décadas, en Estados Unidos, tarde o temprano cada persona es famosa durante unos quince minutos. La preocupación relativa a los selfis tiene que ver con ser visto en algún contexto: una celebridad, un lugar histórico. Muchas de esas instantáneas son compensaciones por no sentir un valor inherente. Siempre he creído que la crianza exitosa de los hijos no reside en los esplendorosos logros del niño, que puede que sólo esté compensando la vida no vivida del progenitor, sino en el niño que comprende que es visto y valorado por quién es y no por lo que se supone que tiene que hacer, conseguir y en quién tiene que convertirse. Parece muy fácil, pero resulta ser algo muy excepcional.

Si creemos que es un Dios intencionado o unos procesos aleatorios los que gobiernan el mundo es virtualmente irrelevante. Lo que importa es en qué grado podemos aceptarnos nosotros mismos como nosotros mismos, con los defectos que sean comunes a esta herencia humana. Con qué frecuencia he dicho, hablando de un sueño absorbente o de algún resurgimiento sintomático: «¿De dónde crees que surgió esto en tu interior?» y «¿Qué significa que algo dentro de ti se haya expresado de esta forma?» .Con qué frecuencia he señalado: «¿Ves ahora que algo dentro de ti existe independientemente de tu voluntad, de tu vida consciente? ¿No ves que algo en tu interior te ve y te pide algo?». Incluso el sueño más inquietante es una manifestación autónoma de algo grande en nuestro interior que pide nuestro respeto, nuestro diálogo.

Cada uno de nosotros posee un don, el don esencial de ser quienes somos, con todos los defectos, limitaciones, errores y miedos de los que todos somos tan conscientes. Una de las influencias más perniciosas de la mayoría de las religiones y de muchos progenitores que no son conscientes es el proceso de avergonzamiento, la inevitable exhortación para ser perfecto, para estar a la altura de algunos códigos abstractos. Como ninguno de nosotros es capaz de vivir un modelo de perfección, acabamos nadando en el remordimiento, sobrecompensando o autosaboteándonos. Cuando la mujer temblaba al usar la palabra *yo / yo misma*, estaba, después de todo, sólo sirviendo al mensaje que sus distorsionados mayores le habían inculcado.

Al fin y al cabo, no estamos aquí para encajar, para ser equilibrados y aceptables para todo el mundo o para hacer que nuestros progenitores se sientan orgullosos de nosotros. Estamos aquí para ser nosotros mismos. Con frecuencia eso no es bonito pero sí honesto. Y nuestro regalo para el gran mosaico que es el mundo es nuestra singularidad. Cada uno de nosotros tiene algo que aportar al mosaico que se está desplegando en y a través de nosotros, ya seamos consciente de ello o no. Algunos poseerán un talento o capacidad particular que se supone que debe compartirse. Me encuentro con que nunca tengo envidia de los demás y que nunca quiero ser ninguna otra persona, sino yo mismo. Sabiendo lo imperfecto que soy y cuántos errores he cometido en mi vida, sigo sintiendo que quien soy y lo que soy es mi humilde regalo para los demás. Si hay una excepción a mi falta de envidia, sería tan sólo la que siento por aquellos capaces de componer música, ya que la música me parece completamente trascendente y un regalo simbólico para el universo.

Cuando pensamos en el regalo que representamos nosotros mismos, por lo general regresamos a lo que es aceptado, lo que es excepcional o lo que podría obtener aprobación. El otro lado de este impulso puede verse en los actos desesperados de la gente privada de derechos para convertirse en alguien destacado mediante asesinatos, actos terroristas u otras conductas atroces. Por cada mil selfis, hay un Lee Harvey Oswald o un Gavrilo Princip que dejan su huella en la historia. Cada acto es igual: *deseo ser visto, ser valorado, ser alguien*. Y por comprensible que seguramente sea este deseo, cuán engañoso el objetivo, qué precaria la adquisición de la fama, la importancia y la notoriedad. En su lugar, nuestro regalo se fundamentará mejor en la humilde morada en la que vivimos cada día. Quién soy yo y quién eres tú es el regalo. Sin pretensiones, sin ninguna amplificación necesaria. Son, en todo caso, meras compensaciones para una baja autoestima.

El humilde y brillante sacerdote jesuita y poeta Gerard Manley Hopkins lo vio en el siglo xvi. En su poema «Cuando los martines pescadores prenden en llamas», describe:

> Cada ser mortal hace una cosa y siempre la misma:
> Derrama ese ser que habita dentro de cada uno;
> Nosotros mismos, pronuncia él mismo; *yo mismo* dice y deletrea
> Gritando: *«Lo que hago soy yo: para eso vine»*.

Con su sensibilidad poética, su salto metafórico, comprende que el Yo no es un objeto ni un nombre, sino más bien un verbo. El Yo siempre está «formando o modificando su propia identidad», buscando expresión. Al tiempo que el bulbo «forma o modifica su propia identidad» para transformarse en una flor, el centro orgánico en cada uno de nosotros se despliega a través de nosotros, ya sea de forma consciente o no, o cuente con ayuda o se vea obstaculizado. Nuestra individualidad mora y siempre se está encarnando en el mundo. Gritar: «Lo que hago soy yo: para eso vine» no es el acto desesperado de alguien que está sobrecompensando, sino que es más bien lo contrario, es algo aleccionador, que enseña humildad.

Las vidas de algunas personas se expresan externamente mediante los dones del intelecto, el talento o los logros de un tipo u otro. El mundo de los selfis, los récord Guinness y la necesidad de los quince minutos de fama son, todos ellos, compensaciones por no sentir, en primer lugar, nuestro valor inherente. Sin embargo, para muchos de nosotros, el don o regalo que podemos traer a este mundo se encuentra en momentos de espontaneidad en los que añadimos nuestra pequeña porción al colectivo. Puede encontrarse en momentos muy privados de reflexión en los que contenemos nuestros impulsos narcisistas. Puede encontrarse en momentos de compasión por otros que experimentan dificultades y flaquean ante sus mensajes adquiridos y debilitantes.

Al ver hace poco al papa Francisco antes de fallecer, me emocioné por sus frecuentes pausas en el boato para alentar a un niño, a una persona lisiada, a un alma rechazada, a un prisionero en un dilema concreto: todos ellos personas con valor, todos ellos olvidados, dejados atrás, pero no olvidados a los ojos de este buen hombre. Su recordatorio nos emocionó a muchos que no apoyamos los aspectos concretos de su fe porque nos recuerda el don genuino que cada ser trae a este mundo lleno de problemas. No es sentimentalismo alentar a los marginados. Es un recordatorio de la dignidad esencial de todo ser y cómo, en sus distintas formas, aporta al gran puzle una pieza especial nunca vista en la historia de la humanidad.

Cuántas veces me ha dicho la gente: «Siempre he querido...» (completa el espacio en blanco: escribir un libro, tocar el piano, pilotar un avión, etc.). Pese a ello, todas estas frases también incluyen un «pero» que hace que la idea pase por su transición por el viejo camino familiar de la huida, la negación, la represión y la indiferencia. El «pero» cubre multitud de lógicas, miedos y viejos mensajes que nos mantienen alejados de nuestra individualidad esencial, de nuestro ser corriente que es nuestro regalo para el mundo. Al preguntar qué don o regalo estamos reteniendo, en lugar de preguntar sobre algún logro espectacular, se nos enseña bastante humildad al vernos frente a la realidad de quiénes somos y al darnos cuenta de que es nuestro don más preciado.

Ser excéntrico, no encajar, hacer las cosas a tu manera: éstas son señales de que estamos trayendo nuestro don, nuestra condición de persona, a la mesa de la vida. Parece muy sencillo, pero es muy difícil, no sólo debido a todos los mensajes invalidantes del pasado, sino también porque ser ese don nos pide que nos dejemos ir y confiemos en que algo en nuestro interior es lo bastante bueno, sabio y fuerte para pertenecer a este mundo. ¿Cómo osaría alguien ignorar lo que está buscando su expresión a través de nosotros, encogernos en la oscuridad del miedo, resistirnos al don que ilumina este mundo que, de otro modo, no tiene color?

Capítulo 11

Fíjate en los viejos patrones autodestructivos

¿No tienes que preguntarte, de vez en cuando, «¿Por qué mi vida sigue discurriendo de esta forma?», o «¿Por qué acaban siempre mis relaciones?», o «¿Por qué no me siento bien con respecto a mi vida cuando estoy esforzándome tanto?»? Si una persona no se ha hecho estas preguntas u otras similares, entonces seguirá felizmente en la ignorancia y quizás se merezca lo que le sigue sucediendo. Jung señaló, en una ocasión, que el único pecado imperdonable es elegir permanecer en la ignorancia.

Cuando por fin admitimos lo que es obvio para nosotros, es decir, que somos el único actor constante en esa larga telenovela que llamamos nuestra vida, empezamos a volvernos conscientes y es posible que responsables. Una de las mejores formas de captar lo que nos está pasando a nosotros, a través de nosotros, lo que está pasando en el inconsciente, consiste en identificar nuestros patrones. No nos levantamos cada día esperando hacer las mismas cosas estúpidas, las mismas cosas autodestructivas que hemos estado haciendo desde hace mucho tiempo, pero hay muchas probabilidades de que, si seguimos consciente al final del día, hayamos hecho justo eso: que hayamos repetido nuestros patrones autodestructivos. *Pero ¿por qué?*

Recuerda de nuestras discusiones anteriores que, desde la infancia hasta este momento, «leemos» el mundo que tenemos a nuestro alrededor en busca de mensajes sobre el mundo y sobre nosotros mismos.

Esta lectura fenomenológica está, por supuesto, supeditada a muchas variables: las variedades del mundo que se nos presenta, nuestros contextos culturales y personales, los modelos que hay a nuestro alrededor y elementos únicos de nuestra genética, carácter y disposición. Así pues, un evento externo idéntico puede interiorizarse de forma bastante distinta y transmitirse de manera diferente dependiendo de la persona. Sin embargo, esas interpretaciones se convierten en nuestros mapas del mundo, muestras órdenes de marchar, nuestro punto de vista de nosotros mismos y del mundo, e incluso nuestros contratos con el mundo. Son, por supuesto, muy variables, idiocéntricos y prejuiciosos. Sirven a modo de lentes a través de las cuales vemos el mundo, lo interpretamos y obtenemos nuestras instrucciones. Así pues, nos convertimos en sirvientes, e incluso en prisioneros de nuestros mapas, instrucciones y órdenes de marchar.

Para una persona, la instrucción central parece decir: «Escóndete, no seas visto. No importas. No te expongas al peligro». Ese mensaje central, repetido a diario, conduce a una vida fugitiva, una vida de posibilidades reducidas y decepciones continuas. En el caso de otra persona, el mensaje central parece ser: «Da un paso al frente y asume la responsabilidad. Se te ha confiado arreglar lo otro, apagar el incendio». Una persona así suele ver más adelante que su vida ha transcurrido al servicio de los problemas, de las patologías, de las tareas inconclusas de otros, en lugar de en servicio de su propia vida. Para otra persona distinta, el mensaje central se traduce de la siguiente forma: «Conviértete en una estrella, destaca. Debes compensar la vida infeliz de tu padre o tu madre. Tu vida no importa. Lo que importa es cómo los rescatas de la tristeza, de la pérdida, de la amargura».

El organismo que somos es bastante conservador en cuanto a su funcionamiento. Prefiere la predictibilidad a lo no planeado, lo conocido a lo desconocido, y lo familiar a lo extraño. A veces algo estalla en nuestro interior, queriendo vivir, deseando convertirse en algo en el mundo, pese a enfrentarse a la oposición por parte de otras voluntades que desautorizan, vetan y distraen, hasta que el impulso pasa y el deseo se agota. Aferrarse al presente con todos sus finales predecibles es muy seductor. Una de las razones de este autosabotaje surge de las ansiedades generalizadas que le susurran a nuestro oído un nada tan dulce como: «No das la talla para esto. ¿Qué te hace creer que puedes hacer eso? Te conducirá al aislamiento y a la pérdida del amor y la comprensión por parte de los demás. Estarás solo. Fracasarás y quedarás en ridículo». Todos conocemos esas voces. Si no las oímos conscientemente, podemos estar seguros de que se nos siguen susurrando a través del inconsciente.

Recuerdo a un cliente que estaba pasando por una noche negra del alma muy difícil. Había llevado una vida muy productiva, de acuerdo con el juicio de las expectativas de su tribu. Había sido fiel a los valores de su familia y de su formación religiosa, pero estaba abatido debido a una depresión prácticamente suicida. Si había hecho todas las cosas adecuadas, si había hecho todo lo que se suponía que tenía que hacer, ¿por qué estaba pasando por este sufrimiento como el de Job, por esta cita dolorosa con la oscuridad? En medio de este viaje nocturno por el mar, tuvo un sueño en el que estaba descendiendo hacia las profundidades de un cuerpo de agua. Podía respirar bajo el agua y ser consciente del descenso. Veía pasar, como una flecha, imágenes de esta historia. Entonces vio, en el fondo del mar, la imagen de una calavera que decía: «Y entonces llegó el gran alejamiento». Y entonces se despertó y quedó desconcertado por este extraño y profético mensaje. ¿Qué alejamiento? ¿Cuál era el significado de todo eso?

Mientras batallábamos con su sueño, lo que le vino a la mente fue una antigua llamada vocacional, pero en un momento clave en sus inicios cambió de repente de trayectoria profesional y eligió un camino más seguro. Echando la vista atrás a este giro en su vida, se preguntó por qué había tomado esa decisión, y la única respuesta que tenía algún sentido era que estaba respondiendo a un miedo cuando puso reparos, alejándose de su llamada para dirigirse hacia un camino más convencional. ¿Qué miedo? ¿En qué consistía eso? Al final, lo mejor que pudimos hacer consciente fue que el miedo tuvo que ver con la necesidad de aceptación, de apoyo consensuado, y el miedo debilitante de que no estaba a la altura que su vocación le hubiese exigido. Y así, sin «escoger», escogió, al igual que todos tendemos a escoger cualquier día determinado. Él eligió el camino más seguro, el sendero inferior, hasta que, al final, su psique registró su consternación autónoma y apoyó su perspectiva. Al hacer «lo correcto», hizo lo incorrecto, como todos hacemos en muchas ocasiones. Elegimos lo que está muy arraigado, seguimos los paradigmas y nos ceñimos a lo conocido, pese a que sepamos que sólo conduce al tedio, el aburrimiento, la depresión, a tratamientos anestésicos o a distracciones crónicas.

Sin la autonomía del inconsciente, que es la mayor parte de nuestro ser, sin sus apuntes, evaluaciones y críticas, nunca sabríamos lo que es adecuado para nosotros. Casi nadie se embarca deliberadamente en un rumbo falso, en una aversión negadora de la vida ante las invocaciones del espíritu, pero pese a ello muchos hemos hecho esto una y otra vez.

Hace poco, una mujer a la que he estado viendo desde hace dos años reconoció su desasosiego. Sigue sintiéndose como una niña pequeña, siguiendo el guion que se espera de ella, pese a que ostenta un puesto de gran responsabilidad en una empresa mediana. ¿Por qué sigue sintiéndose como una niña pequeña a pesar de sus importantes responsabilidades en el mundo laboral? Algo en su interior, y en el de muchos de nosotros, sigue aferrándose, sigue sintiéndose provisional. Suponemos que, si seguimos nuestros guiones, hacemos lo adecuado y lo que se supone que tenemos que hacer, nos veremos conducidos a un lugar de bienestar. Creemos que experimentaremos una recompensa, satisfacción y que seremos una persona grande de verdad, como suponemos que lo son muchos otros. Sin embargo, ser una persona grande implica algo más que tener un cuerpo grande y desempeñar grandes papeles en la vida. A pesar de estos mensajes tan persuasivos y principalmente inconscientes, recordamos que con mayor frecuencia los servimos, los interpretamos y que, a su vez, crean estos patrones perniciosos; o huimos de ellos, pasamos nuestra vida intentando compensar («lo que sea menos ser como mi madre» o «No quiero repetir la vida de mi padre»), pero seguimos estando definidos por ese «otro» que no deseamos ser, un otro que ejercita una influencia moldeadora exorbitada en nuestra vida. O, en tercer lugar, buscamos «arreglar» el problema, modificar las metas, usar calmantes anestésicos de distintos tipos, llevar una vida de frenesí distractor o arreglar los problemas de otros (una estratagema común de aquellos que trabajan en profesiones que prestan asistencia).

La primera adultez sigue estando dirigida, en gran medida, por el poder de los mensajes, los modelos que hemos observado e interiorizado, y las instrucciones que recibimos de nuestra familia de origen, la religión institucional y los contextos culturales, entre otros. ¿Podemos decir que una adultez así, por sincera que pueda ser, por «exitosa» que pueda ser en el cumplimiento de estos mensajes, es una adultez real o el viaje que se supone que tenemos que vivir de verdad?

La segunda adultez llega sólo cuando a una persona, por la razón que sea, se le exigen cuentas: un matrimonio que se está hundiendo, una tormenta afectiva, un momento de vacío aterrador a las tres de la madrugada. Pese a ello, este enorme golpe inicia la posibilidad de un giro hacia una segunda adultez, un tipo distinto de adultez. Una segunda adultez no es una sencilla transformación en una persona distinta, una metanoia a partir de la cual el río fluye en una dirección bastante diferente. El antiguo orden, los guiones familiares, persisten. Tienen una enorme resistencia, razón por la cual los simples cambios comportamentales y las variaciones cognitivas rara vez duran. Uno se encuentra con que el poder perdurable de lo antiguo no puede subestimarse, ya que se trata de un reflejo *de facto* cuyo propósito es protector, incluso aunque su resultado sea constrictivo. Hace falta una enorme cantidad de sufrimiento, determinación o circunstancias que cambien la vida para que alguien se despierte lo suficiente como para enfrentarse a estos poderes tiranos de adaptación repetitiva y servicio a la gestión de la ansiedad. Si existe una cosa como el alma, entonces es el alma la que en último término inclina la balanza hacia el cambio, hacia una postura más auténtica en el mundo. Jung apuntó que siempre está presente una neurosis en la huida del auténtico sufrimiento. Naturalmente, nadie quiere sufrir, pero la observación de Jung sugiere que existe una distinción entre el sufrimiento auténtico y el inauténtico.

La historia está repleta de ejemplos de gente como nosotros, que hemos pasado por este proceso de muerte y renacimiento. Lo he experimentado y he sido testigo de ello en docenas y docenas de pacientes a lo largo de las últimas cuatro décadas. No hay forma de ir hacia delante sin una muerte de algún tipo: una muerte de quien creíamos que éramos y quien se suponía que teníamos que ser; la muerte de un mapa del mundo que pensábamos que era digno de nuestra confianza e inversión; una muerte de las expectativas de que escogiendo correctamente podríamos evitar el sufrimiento, experimentar el amor y la aprobación de las personas de nuestro entorno, y alcanzar una sensación de paz, satisfacción y llegada al hogar. Sin embargo, parece que la vida tiene otros planes, y, de hecho, nuestra alma tiene otros planes. Y hay un terrible precio a pagar por ignorar o huir de esas indicaciones e invocaciones para ir hacia la profundidad.

Reconocer los patrones autodestructivos en nuestra vida, esos lugares en los que nos saboteamos mediante la evitación, la adaptación al colectivo o la huida hacia lo trivial, lo convencional, lo aceptable, sólo supone el comienzo. Esos reflejos psicológicos, esos complejos, permanecerán con nosotros durante el resto de nuestra vida. He oído con mucha frecuencia a la gente quejarse de que sus sueños siguen apareciendo con las mismas ideas centrales, las mismas imágenes, por lo que tengo que responder: «¿Preferirías los sueños de otra persona, los problemas de otra persona?». O la gente se regaña a sí misma por no superar cierto problema o sentir que su trabajo ha sido en vano cuando un asunto antiguo asoma la mente de forma inesperada. Estos momentos son inevitables. Los llamé «apariciones» en un libro reciente porque vivimos en estructuras históricas con presencias espectrales de todo tipo, fantasmas amistosos, espíritus perniciosos, los espectros de otras personas, tiempos y lugares, con caminos congestionados por delante de nosotros.

Reconocer los patrones, especialmente los autodestructivos, es el primer paso. Luego viene enfrentarse a ellos durante el resto de nuestra vida. Enfrentarse a ellos conlleva peligro, valentía, perseverancia y aparecer durante más días que los que no se aparece. Algunos días, la posibilidad de una vida más grande gana, y otros días ganan los fantasmas. Uno debe saber que cada día es una guerra entre los coloquios constrictivos de la historia y la invitación a la alta mar del alma. Pero una aventura tal es en lo que consiste nuestra vida y la adultez real, y lo que exige el viaje del alma.

Capítulo 12

¿Cuál es el panorama general en tu caso?

Nuestras imágenes del yo y del mundo se enmarcan a una edad temprana, y tal y como hemos demostrado, rara vez vemos un mundo mayor que el que nos permite nuestro marco. Y pese a ello, ésta es, precisamente, la razón por la cual hemos llegado a reconocer, respetar y dialogar con los otros centros autónomos de inteligencia dentro de cada uno de nosotros, que son sabios a su manera y que también están dedicados a nuestro bienestar. Esto significa que el poderoso ego debe dase cuenta de que no es, realmente, el dueño de la casa, y que hay otras muchas voluntades que hacen ruido por la noche, muchos órganos de especial interés que interpretan sus agendas y, del mismo modo, que hay muchos mecanismos de sanación en funcionamiento en las recalibraciones cotidianas del organismo mientras intenta sobrevivir y prevalecer en el mundo. Estos mecanismos incluyen los sueños y los síntomas: ambos son expresiones autónomas y cualitativas de la psique en las que un diálogo genuino, respetuoso y humilde puede conducir a una amplitud de visión mucho mayor, además de a una experiencia más profunda y rica del misterio en desarrollo de nuestro propio ser.

Cuando pensamos en «¿Cuál es la visión más amplia para ti?», lo que aparece en la pantalla con mayor frecuencia es: «¿Puedo pagar la hipoteca, hacer que mis hijos superen sus estudios, encontrar una pareja que haga que mi vida sea completa y alcanzar una sensación de satisfacción y bienestar?». Dónde nos encontramos en relación a lo más grande en nuestra vida, dado que nuestros complejos, nuestros mecanismos protectores, están dirigidos por pequeñas preocupaciones, sin duda importantes, pero que siguen siendo pequeñas en los planes mayores de la vida.

Cuando nos fijamos en la visión más amplia de nuestros progenitores, ¿qué es lo que aparece? ¿Nos encontramos, por ejemplo, con que nuestras preocupaciones, problemas, pesadumbres y comportamientos obsesivos son iguales y replican sus ansiedades? Si es así, ¿acaso no las adquirimos interiorizando sus ejemplos? ¿Nos encontramos con que nuestros modelos parentales se vieron atrapados de forma natural en las cuestiones y los valores de su tiempo, dejando de lado, por el momento, si estamos igualmente atrapados en las cuestiones y valores de nuestro tiempo? Por ejemplo, para la mayoría de nuestros progenitores, el poder y el papel del colectivo eran más influyentes que en nuestra época. Para ellos, la exclusión de las expectativas colectivas era una especie de infierno. Así, independientemente de lo que pensaran o anhelaran nuestros padres o aquello por lo que sufrieran, la mayoría lo soportaba en un silencio cotidiano. Cuando se producían aberraciones, como que personas de una fe distinta se casaran, gente de razas diferente se uniera o personas con unos valores distintos se expresara, había una reacción generalizada y siempre había unos juicios intimidantes.

Más recientemente, una mujer conocida en Estados Unidos le dijo a nuestro amigo mutuo que no iba a asistir a clases o conferencias en el Jung Center porque uno de sus hijos había ido a ver a un psicoanalista junguiano de terapia de pareja y… ¡se había divorciado! En otras palabras, no tuvo en consideración lo que podría ser mejor para el alma de su hijo adulto, por no hablar del derecho de su hijo a que su propia decisión siquiera fuera algo de la competencia de ella. Según esta mujer, el papel del terapeuta era el de mantener a la pareja unida, costara lo que costara. Me aflige, y no juzgo tanto, el mundo de nuestros padres, porque para ellos su mundo estaba muy circunscrito por roles, categorías, guiones y expectativas socializados, y los castigos para aquellos que no se ajustaban a las normas eran bastante severos.

De forma similar, en mi opinión, su «gran» panorama religioso era, además, bastante pequeño. E incluso en la actualidad, las religiones dominantes han perdido un gran número de seguidores (algunos se han alejado por las tentaciones del mundo secular actual, mientras que otros han visto que hay un mundo más grande ahí fuera y que es mayor que los viejos valores tribales), por lo que ya no estamos constreñidos por la lente histórica de nuestros antepasados.

Y pese a ello, en el mundo occidental por lo menos, las únicas religiones organizadas que crecen y medran se basan en dos perspectivas menguantes. Por un lado tenemos a los fundamentalistas, que responden a los cambios de los mundos moderno y posmoderno buscando reconstituir los antiguos valores, las viejas normativas éticas y las antiguas jerarquías de autoridad. La suya es una comunidad dirigida no por una experiencia genuina, no por una auténtica convicción, sino por la ansiedad y un «plan de tratamiento» que restablece un mundo conocido, aunque limitado, y sus opciones limitantes.

La otra rama de la religión institucional que crece es la que le ha dado la mano al laicismo, al evangelio de la prosperidad, a la agenda motivadora de proveedores bien peinados y engominados, con programas bien pulidos, que nos dicen que estar del lado del Tipo Grande que se encuentra por encima nos conducirá a la felicidad, la prosperidad y la paz. Esas ofertas son muy seductoras, pero tienen el aguante del algodón de azúcar, ofreciendo riqueza, pero dejando una sensación áspera en el paladar.

¿Cuál de estos «panoramas generales» es peor: el que infantiliza a la gente evocando complejos parentales omnipotentes en ella, haciéndola sentirse culpable, inapropiada e indigna, o el que ofrece un camino sin problemas, pero los traiciona en los inevitables momentos problemáticos que nos llegan a todos? ¿Cuál es peor: el que infantiliza o el que trivializa? Es difícil decidir entre estas dos perversiones.

Ciertamente, disponemos de intentos o esfuerzos de buena fe para abordar el papel de la ansiedad en nuestros viajes, con planes de tratamiento que oscilan entre la Oración de la Serenidad de Reinhold Niebuhr, a formas variadas de meditación oriental y a un abanico de narcóticos y una gran industria farmacéutica dedicada a anestesiar nuestra angustia. Además, hemos generado una cultura popular cuyo zumbido, las veinticuatro horas del día, ofrece una vida de distracción, entretenimiento y distintos calmantes en embalajes seductores. Así pues, ¿qué constituye un panorama general para cualquiera de nosotros?

En el frente que tradicionalmente hemos llamado religión, estoy de acuerdo en que somos criaturas religiosas en nuestro corazón, independientemente de cuáles sean nuestras preocupaciones, adicciones, distracciones o confesiones. En su *Teología sistemática*, el teólogo Paul Tillich afirmaba que la religión es donde uno expresa su «principal preocupación». Si la principal preocupación de alguien es conseguir abundancia material, muchos millones veneran también lo mismo. Estamos rodeados de personas que poseen más que lo que la gente ha poseído nunca en la historia. ¿Y cómo les está yendo la vida? ¿Cómo está su alma? Estudios recientes indican que los ingresos anuales básicos en Estados Unidos necesarios para alcanzar un estado de bienestar relativo, e incluso de «felicidad», es de alrededor de 50.000 dólares.[7] A distintos niveles por encima de esa cifra, no se hace evidente ningún incremento apreciable en la sensación de bienestar. En otras palabras, una preocupación natural por llevar comida a la mesa, tener un techo encima de nuestra cabeza y ropa para uno mismo es algo bastante comprensible, pero aparte de eso, más no supone realmente más o, por lo menos, más no es suficiente para ser más. ¿Qué nos dice eso?

Hay algo en todos nosotros que anhela una imagen más completa. Algo en nosotros desea conexión, redefinir lo trivial en nuestra vida cotidiana, la pequeñez con la que opera la mayoría de nuestros sistemas. Si nos fijamos con consideración en la empresa a la que nos referimos como las grandes religiones, con sus ricas antologías de sabiduría, sus historias atemporales y sus conocimientos sobre las permutaciones del alma humana, podemos seguir extrayendo mucho que es de utilidad en este mundo conectado en el que nadamos. Pero todos tenemos que descubrir algunos otros criterios mediante los cuales evaluamos las instrucciones a las que todos estamos al servicio la mayor parte del tiempo. Como sabemos, los complejos a los que servimos, los grupos autónomos de historia en nuestro interior, tienen un mensaje generado históricamente y de tiempo limitado para nosotros. Mientras estén interviniendo, estaremos sirviendo al mundo pequeño que encarnan. Una vez más, si no hubiera psicopatología ni intranquilidad del alma, ¿por qué, siquiera, nos cuestionaríamos esos marcos recibidos, limita-

---

7. Learn Vest: «The salary that will make you happy (Hint: It'sless than $75,000)», *Forbes*, 24 de abril, 2012, forbes.com/sites/learnvest/2012/04/24/the-salary-that-will-make-you-happy-hint-its-less-than-75000/#3a2e7a873247

dos y fractales? Y así, de forma similar, independientemente de los valores religiosos que hayamos recibido, sugiero algunos otros criterios de evaluación.

En primer lugar, ¿recurre una y otra vez a nosotros nuestro encuentro con el rico misterio de la vida para que redefinamos nuestra comprensión de nosotros mismos y del mundo? Si no es así, expongo que estamos menos ligados a la certeza que atascados en la constricción, encerrados en una vista parcial reprimida emocionalmente y atrofiada en cuanto a la imaginación. Así, sabemos que tener que redefinir nuestras ideas, prácticas, conocimientos e incluso valores genera ansiedad, pero una posición espiritual madura nos forzará a tolerar más ansiedad que la que deseamos. Un auténtico viaje nos pedirá que aceptemos contradicciones, suframos ambigüedades y no caigamos en pensar entre una de dos posibilidades, cosa tan característica de la mente inmadura o asustada.

Una espiritualidad madura será una en la que encontremos más misterio de lo que resulte cómodo. Después de todo, lo que podemos comprender, tolerar y fijar en forma de conceptos seguramente no constituye el misterio. El misterio siempre trascenderá nuestros deseos de claridad y certidumbre. Pero ¿cuánto de eso podemos tolerar? F. Scott Fitzgerald tiene un personaje en uno de sus relatos breves que define la mente de primera categoría como una que puede mantener los opuestos en tensión sin tener que caer a uno u otro lado del larguero. Y Jung añadió que las ideas ordinarias se ven fácilmente contradichas por otras ideas, pero en el caso de las ideas ciertas, sus opuestos también son verdad. Por lo tanto, sólo la paradoja puede empezar a acercar la magnitud del universo en el que flotamos.

Una espiritualidad madura no ofrece certidumbre, sino misterio. Ofrece profundidad, obliga a la redefinición de nuestros conocimientos y requiere que crezcamos psicoespiritualmente.

Tener en cuenta el panorama más completo para cada uno de nosotros a un nivel muy personal requiere que reflexionemos sobre el concepto de Jung de la individualización. Por *individualización* no se refiere al narcisismo, el engrandecimiento del ego o verse medido por cualquier logro externo. La individualización significa sumisión, y no el triunfo del ego ni la trascendencia de lo ordinario. Significa someter la vida que queríamos o esperábamos por la que los dioses o el alma (cualquiera que sea la metáfora que prefieras) requieran. La mayoría de la gente a la que admiramos en la historia de este planeta son personas que no tuvieron una vida fácil y cómoda. De hecho, la mayoría de ellas sufrieron muchísimo. Sin embargo, las admiramos porque se abrieron camino para encarnar sus dones únicos en este mundo. Su don adoptó a veces la forma de expresiones proféticas, descubrimientos científicos, visiones sociales, expresiones creativas o actos de compasión surgida del autosacrificio. Pero, por encima de todo, fueron los vehículos voluntarios para el Hecho de Ser que busca expresión mediante nuestras existencias individuales.

La imagen general para todos nosotros se encuentra en preguntar, de vez en cuando: «¿En qué consiste mi vida realmente?». Todos estamos profundamente comprometidos con los detalles de la vida cotidiana y de manera provechosa, pero somos más que animales económicos, más que fichas sociales en un gran tablero, más que animales perpetuamente hambrientos. Somos almas en un mundo de carne, espíritus en un mundo de materia siempre en descomposición. ¿Qué significa estar aquí? ¿Para qué he sido llamado? ¿Qué valores, características y habilidades debo encarnar en mi vida? Éstos son los tipos de preguntas que nos hacen salir de lo trivial, que nos ayudan a redefinir nuestras frustraciones y decepciones y a entrar en algo más importante que encajar, tener éxito, estar a salvo y ser aceptados por todos. Estos momentos distan mucho de ser cómodos, pero son energizantes y nos conducen de una fase del desarrollo a la siguiente, y a la posterior a esa, extendiéndose hacia el futuro emergente. Entonces estamos vivos, y no simplemente haciendo las cosas por inercia. Estamos vivos porque estamos sirviendo a la vida más que a la seguridad, sirviendo al alma más que a la multitud ansiosa, distraída y fugitiva.

Capítulo 13

Elige el sentido por encima de la felicidad

La felicidad parece un lugar fantástico para visitar e incluso mejor en el que permanecer. El mundo está lleno de píldoras de la felicidad, lugares felices, promesas de felicidad. Ciertamente, ninguna mente sana criticaría la felicidad. Si todos pudiéramos ser felices todo iría bien, ¿verdad? No me encontrarás hablando contra la felicidad. De hecho, se encuentra incluso en la Declaración de Independencia de Estados Unidos, ¿y qué lugar más feliz podría haber que esta nación? «La vida, la libertad y la búsqueda de la felicidad» ,dice, exactamente ahí, por escrito. No se puede discutir con eso. Aunque los eruditos sugieren que la palabra *felicidad,* tal y como la empleó Jefferson en esa época y lugar y para ese asunto concreto, significa el derecho de buscar el curso de la vida que uno desee, la nuestra, sin duda, sigue siendo una cultura dedicada a la búsqueda de la felicidad.

¿Y qué significa eso, exactamente? ¿Debo ser feliz porque tengo un buen trabajo, comida en la mesa, compañeros cariñosos y un tejado sobre mi cabeza? Estoy agradecido, ciertamente. ¿Pero la felicidad requeriría entonces que me olvidara de la mucha gente que está en peligro y que no vive muy lejos de mí, de aquellos que sufren la pobreza, un dolor intratable y ninguna expectativa de mejora? ¿Necesita que olvide la corrupción que se extiende por todo el mundo, de los municipios más importantes a las aldeas más insignificantes? ¿Me permite olvidar todas las injusticias, los asesinatos sin castigo, los holocaustos, los pogromos y los desastres naturales que forman parte de los lamentables catálogos de la historia? ¿Qué hace falta, qué fármaco, qué calmante, qué fantasía, para que me permita ser feliz a pesar de lo que cualquier persona reflexiva sabe? ¿Debo tomar esas píldoras de la felicidad? ¿Distraerme con los entretenimientos variados de nuestra época? ¿Debo, simplemente, tratar con delicadeza la pregunta y creer en otra vida tras este sórdido desastre que redimirá todo esto: devolviéndole la vida a los asesinados, consuelo a la gente que sufre y justicia a aquellos traicionados por sus sociedades?

¿O acaso no he leído los libros de autoayuda adecuados, esos que prometen cinco pasos fáciles que me llevarán allí, o treinta días de esto o aquello que me conducirán a ese lugar de dicha? ¿No he logrado aplicar esas recomendaciones rápidas con la suficiente celeridad, devoción y rigor, o he sufrido de una voluntad dilatoria, una indolencia perezosa, o quizás debo alimentarme sólo de un susurro inmaduro de cinismo?

¿O es posible que la felicidad simplemente sea lo último en un desfile de panaceas paliativas que emana de una cultura que anhela ser atemporal, olvidar lo que debe recordarse, o que está demasiado ocupada con trivialidades como para que se la moleste con todos estos asuntos? Nuestras religiones han perdido, en general, la capacidad de vincular a la gente a la profundidad, al misterio. El capitalismo y el comunismo son sistemas que, de sus formas bastante similares, son generados por personas que manipulan el sistema y privilegian a unos pocos. Ninguna institución está libre del peligro del egoísmo y la psicopatología. Así pues, ¿en qué lugar nos deja eso?

De joven creía, con toda la inocencia y la sinceridad de la juventud, que si leía, aprendía y averiguaba lo suficiente, llegaría a algún plano soleado en el que, libre de conflictos y concesiones, me encontraría al mando de mi vida y sería feliz. Aunque he sido bendecido más que la mayoría de las almas de este planeta y soy consciente a diario de ese regalo, aprendí pronto que alcanzar nuestras metas siempre nos deja hambrientos del siguiente nivel. Si el uno es bueno, el dos debe ser mejor, ¿verdad?

Me dije a mí mismo que mi objetivo nunca era el dinero ni el poder, sino un sentimiento de compleción, de satisfacción prolongada. No me imaginaba entonces que este logro sería, en sí mismo, una especie de infierno, ya que todos los sistemas cerrados son motores de aburrimiento, anulación y muerte espiritual.

Por lo tanto, hoy digo que la métrica de la felicidad es una mala medición de una vida. La felicidad que se basa, de alguna forma, en la negación, la distracción o la ignorancia es una afrenta al alma y a su profundidad. Desde mi punto de vista, lo que permanece es el sentido. Pero ¿qué es el *sentido*?

El antiguo filósofo griego Epicuro batalló con esta misma pregunta. En la actualidad, Epicuro es recordado con el término «epicúreo», que por lo general se traduce como «la buena mesa». Bueno, una buena mesa puede ser encantadora, y a veces incluso memorable, pero una vez que la experiencia se ha completado, su efecto pasa. Tras acabar una comida generosa y lujosa, nadie quiere empezar con otra, y después con otra más (a pesar de los banquetes en la antigua Roma en los que la gente vomitaba). Por lo tanto, Epicuro razonaba que, debido a que somos criaturas que buscamos, de forma bastante abierta, el placer y evitamos el dolor, ¿qué podría proporcionarnos algo de placer prolongado? No era comer, ya que incluso los placeres del paladar sólo proporcionan un placer transitorio. Una vez satisfecho el objeto del deseo, éste se vuelve repulsivo. Así pues, ¿qué permanece entonces si no es la buena mesa?

El filósofo llegó a la conclusión de que el placer más sostenido disponible no se encuentra en los sentidos, sino en la propia filosofía. Puede que no se aleje mucho de la realidad. Aunque la filosofía no es la primera elección de toda la gente en busca del placer, uno sospecha que Epicuro llegó a la conclusión de que el estado de ánimo de la gente es quizás la clave de esta cuestión. Si la filosofía proporciona una iniciativa y un descubrimiento continuos, podría, por consiguiente, proporcionar un placer continuo.

Mi punto de vista con respecto a este asunto es que la forma en la que alcanzamos una satisfacción sostenida está, de hecho, ligada a nuestras actitudes. Sin duda alguna, Gautama, que se convertiría en Buda, el que «ve» a través de las delusiones del deseo, se encontraba en el mismo camino. Sugería que volverse «no propenso», renunciar al apego a nuestros deseos y estar completamente presente en cada momento es una forma mucho mejor de alcanzar la satisfacción en la experiencia de este viaje bastante breve que constituye la vida. De hecho, he adquirido algunas ideas correctivas a partir de estos pensamientos, pero sigo siendo, para mejor o peor, una criatura del deseo. Algunos de esos deseos son tangibles y concretos, y otros bastante abstractos, pero no reniego de ellos. Son, al fin y al cabo, quien soy yo. Somos deseo y Eros, y Eros es un dios: el más joven, porque se renueva a diario en todos los movimientos de la vida, y es el más viejo, porque es fundamental para los cimientos de todas las formas de vida. También renuncio a cualquier promesa de una vida después de la muerte que ofrezca hacer que todo este caos sea aceptable. Si hay vida después de la muerte, entonces no es esta vida, la vida en la que habito, y si existe, entonces transformaría tan radicalmente la vida tal y como la conocemos que seguiría siendo incomprensible. Dudo, realmente, de la existencia de ese estado, y ya no lo anhelo. Lo que sí anhelo es una experiencia de esta vida que no cambiaría por la eternidad en esos campos elíseos. Y puedo anunciar que he experimentado momentos así aquí, en este sórdido planeta.

Esas experiencias aquí podrían describirse mejor como significativas en lugar de felices, aunque, con frecuencia, esos momentos son felices mientras duran. Y con más frecuencia esos momentos son compromisos más emocionantes con otros, con misterio, con curiosidad y sus descubrimientos, que cualquier cosa que el mundo defina como felicidad. Ciertamente, algunos de esos momentos se dan en el contexto de un gran sufrimiento. Me emociono cuando veo a desconocidos, quizás en desastres naturales, echar una mano a los demás ofreciendo compasión y apoyo, olvidando durante un rato los asuntos que los dividen. Me emociono cuando veo la resiliencia del espíritu humano en la gente que ha sido machacada por la vida. Verla sobrevivir, avanzar a través del sufrimiento y llegar a un lugar distinto me hace feliz durante un rato, porque me inunda de sentido. Trabajar con la gente en cuanto a sus traumas, decepciones e incluso desesperación es tan importante que no puedo describirlo. Que se me permita, a diario, compartir el viaje con estas almas es tan importante que recibo una lección de humildad por la magnitud del privilegio. Poder compartir con otros lo poco que he aprendido es muy valioso.

Si la felicidad es la meta, entonces todo se vuelve contextual. Para la persona sedienta, un vaso de agua es la felicidad, aunque una inundación es un desastre. Para la persona asustada, el momento de su rescate es feliz, hasta que surge el siguiente peligro, etc. La felicidad es transitoria, pero el sentido permanece.

Pero ¿qué es el sentido, o cuál es el significado del sentido?

¿No es el sentido tan contextual, tan idiosincrático que cada persona, cada hora, proporcionarán una nueva definición? Completamente. El sentido es individual y contextual. Como todos sabemos, dos personas pueden tener el mismo encuentro, y una está aburrida o asustada, mientras que la otra está emocionada, conmovida hasta las lágrimas. No le podemos decir a otra persona que este cuadro es significativo (que tiene sentido), que esta música es digna de tu devoción, que esta idea es digna de tu vida. ¿Y por qué no? Porque el sentido es un órgano del alma. El árbitro decisivo es el alma, la realidad psicológica en la que se despliega nuestra vida.

Lo que encontramos, si prestamos atención a las expresiones de la psique (nuestros síntomas, nuestras percepciones repentinas, nuestros sueños compensatorios, nuestros estados de sentimientos insurgentes), es que nuestras almas están registrando una y otra vez una opinión. Esta opinión se parece muy poco a la opinión pública, ya que consiste en el voto de uno contra muchos. Una opinión así puede hacernos sentir incómodos, o enviarnos hacia un viaje que tememos, pero es la voz de nuestro interior la que expresa la opinión duradera del alma. Ignorar esta expresión, cosa que todos aprendemos a hacer desde una temprana edad, significa que nos convertimos en desconocidos para nosotros mismos. Sin embargo, lo reprimido regresa en momentos de impulsos repentinos, arrebatos incontrolados, sueños inquietantes y, por encima de todo, en la erosión del sentido de nuestra vida.

Cuanto más nos entreguemos a la seguridad del camino conocido, más aceptables puede que nos sintamos, pero algo en nuestro interior no acepta este arreglo de mala fe. Cuanto más formamos parte del consenso consolador, menos nos sentimos nosotros mismos. Cuanto más encontramos aprobación del exterior, más tiene que abandonar la aprobación la psique, hasta que nos sentimos agotados, quemados y deprimidos. En la búsqueda inconsciente de la felicidad, el alma encuentra aridez, prejuicios y un estrechamiento del foco. En la experimentación del sentido, se nos pide que confiemos en algo en lo más profundo de nuestro ser. Todo sabemos eso. Todos lo sabíamos de niños, pero dada nuestra impotencia y falta de alternativas evidentes, todos aprendimos a alejar a esas incitaciones internas.

¿De qué excusa disponemos, pues, actualmente? No somos incapaces. Hemos aprendido una cantidad sorprendente de cosas sobre el mundo, acerca de nosotros, sobre lo que mejor funciona para nosotros y lo que no, lo que persiste y lo que es efímero. ¿Qué excusa tenemos, pues, hoy? ¿Acaso no todos hemos aprendido que la violación de lo que yace tan profundamente en nuestro interior, de esta voz interior, de esta certidumbre interior, de este apoyo interior, sigue apareciendo, a pesar de nuestro desdén, confabulación, cobardía y huidas de lo grande?

Podemos estar seguros de una cosa: el alma nunca nos abandona. Con independencia de cuál sea esa esencia interior, permanece, persiste y sigue apareciendo. Conoce la diferencia entre una felicidad contextual y un sentido duradero. Lo sabe y persiste en informarnos de formas que confunden a nuestras estratagemas, racionalizaciones y evasiones conscientes. Recordando lo que nos conoce mejor que nosotros mismos, nos encontramos menos distraídos por las seducciones de la felicidad. En esos momentos de reconocimiento de lo que siempre hemos sabido, lo más probable es que emprendamos caminos confirmados como significativos por ese lugar profundo. Y mientras experimentamos tales compromisos, sacrificios, pasajes difíciles y retos significativos a lo largo del camino, nos vemos inundados de vez en cuando, pero sólo durante un tiempo, de felicidad.

Capítulo 14

Honra, por fin, lo que has dejado atrás y apodérate del permiso para ser quien eres

Rousseau inició su poderosa obra *Confesiones* con la siguiente frase: «El hombre nace libre, pero en todas partes se encuentra encadenado». Podríamos añadir una frase a eso: «Nacemos completos, pero en todas partes estamos fracturados». Para cada afirmación, uno debe hacer la pregunta esencial: ¿por qué? Para Rousseau, el porqué encuentra su respuesta en su análisis de las instituciones sociales, con cómo las grandes ideas acaban siendo institucionalizadas e impersonales y se perpetúan pagando el precio de sus principios fundadores. Así que también debemos tener en cuenta la plenitud o completitud como un objetivo elusivo. Sin embargo, también debemos preguntarnos por qué estamos tan en desacuerdo con nosotros mismos, por qué nos vemos con tanta frecuencia turbados por la vida no vivida, tan frecuentemente amargada por los «debería – podría - tendría que» de la vida.

También sabemos que no podemos embutirlo todo en esta vida. Cada vez que elegimos una cosa, excluimos una docena de otras cosas. Si pudiéramos llevar una existencia recurrente, podríamos disponer de una docena de oportunidades para seguir un talento, un interés, una curiosidad, pero no es así. Dada la larga vida que la mayoría de nosotros vivimos en la actualidad en comparación con nuestros antepasados, disponemos de la oportunidad de tener distintos trabajos, profesiones, amigos, estilos de vida e incluso compromisos emocionales.

Cuando recordamos que en la época clásica la esperanza de vida era de hasta mediados de la veintena y que sólo era de cuarenta y siete años en 1900 en Norteamérica, nos damos cuenta de lo afortunados que somos la mayoría de nosotros por tener la oportunidad de cambiar de rumbo, recoger las piezas que faltan y regresar a lo que dejamos atrás.

Así pues, ¿qué dejamos atrás? En el caso de la mayoría de nosotros, talentos y entusiasmos naturales por todo tipo de razones, incluyendo las condiciones sociales como la pobreza, la falta de educación y la restricción de oportunidades. Muchos de nosotros dejamos atrás la alegría, la espontaneidad, la creatividad y el entusiasmo, dada la paliza que tantos recibimos a lo largo de este viaje que llamamos nuestra vida. Para algunos se trata de talentos, llamadas y curiosidades muy concretos, pero el «permiso» de ir tras ellos parece estar reducido en el mejor de los casos y faltar en el peor de los caos.

No podemos hacer suficiente hincapié en el hecho de que mucha gente viva en entornos constreñidos desde el punto de vista emocional y de la imaginación. Cuando un niño, que era un vecino mío, empezó a tomar lecciones de música, se me sugirió, siendo yo joven, que no me juntara con él nunca más porque su mero acceso a la música y las lecciones requería situarlo en un estrato económico y social superior al de mi familia. Aunque esta idea parece absurda después de tanto tiempo, fue muy real para mis padres y, por lo tanto, también para mí en esa época. A mi padre lo sacaron de la escuela en octavo de primaria y lo enviaron a trabajar a la fábrica cuando llegaron las vacas flacas. Mi madre consiguió graduarse en su instituto y trabajó como secretaria. Los dos se sentían completamente definidos por estas limitaciones económicas y culturales y no querían hacer daño cuando insistieron en que mi hermano y yo nos viéramos también reprimidos por ellas. Desalentaron que hiciéramos pruebas para formar parte de los equipos de atletismo y las producciones teatrales porque querían ahorrarnos las decepciones y el dolor. De forma similar, la alegría y la espontaneidad se consideraban sospechosas porque amenazaban a lo predecible. ¿Y qué era predecible?: la adversidad, la decepción y la desilusión. Lo peor era que expresar las emociones en público nos hacía vulnerables.

Gocé con la bendición de contar con mis dos progenitores en mi vida, pese a que de cada uno de ellos aprendí a dejar mis sentimientos atrás, y la espontaneidad, la ira, la alegría y la esperanza también. Sólo años después se rebeló la psique, cuando empecé a regresar a estos tesoros personales que dejé atrás. Aunque puede que estas últimas observaciones parezcan sentenciosas, de hecho, paso buena parte de estos días lamentando, y no culpando, y sintiendo una profunda compasión por las luchas de la generación de mis padres. No había posibilidades de terapia, ningún mundo que los apoyara. Al igual que tanta gente de su generación, mis padres tomaron lo que les llegó y lo hicieron lo mejor posible. ¿Quién podría pedir más? Yo no. Y pese a ello, todos tenemos que considerar el precio de la historia, examinar sus efectos y aplicar esa reveladora pregunta: ¿qué te hace hacer esa historia o qué evita que hagas?

Estos ejemplos personales se basan en los hechos, y se ven superados con mucho en las vidas de los niños que lo tuvieron mucho peor, tal y como he visto personalmente en terapia. Como hemos señalado, todos captamos mensajes enormes del escenario de nuestro entorno (las dinámicas familiares, la religión, la educación, los contextos sociales, el *zeitgeist* o espíritu del tiempo), y todos proporcionan mensajes persuasivos para servir, huir o intentar solucionar las cosas de un modo u otro. Todos nosotros interiorizamos estos eventos fortuitos, los «mensajeamos» y acumulamos una historia provisional sobre quiénes somos y lo que se supone que tenemos que hacer y lo que no. Por consiguiente, el mayor obstáculo para una vida satisfactoria sigue siendo el arriesgado permiso de vivir nuestra vida como el alma desee.

Al principio de nuestra vida, todos aprendimos que el permiso era condicional. Si uno se desplazaba demasiado, o muy poco, en una dirección u otra, o si expresaba una convicción honda, solía haber sanciones que iban desde el castigo hasta la retirada de la aprobación. Cualquiera de esos enfrentamientos retributivos puede resultar devastador para un niño. Precisamente hoy estaba hablando con un octogenario con un gran éxito en su trayectoria profesional que había escogido, pero que pese a ello estaba hablando de cómo se paralizaba cuando tenía que tomar ciertos tipos de decisiones. Cuando examinamos la conexión en estas decisiones, todo se resumía en haber crecido con una progenitora muy narcisista e insegura que castigaba con severidad las desviaciones del cumplimiento estricto de su voluntad. Que sufriera la activación de estas ansiedades arcaicas décadas después no es sorprendente, pero no es aceptable que su vida siga estando dirigida por las necesidades emocionales de una mujer que lleva décadas muerta.

Sin embargo, cuando examinamos nuestras propias inhibiciones, nuestra evasión de las apuestas o nuestros distintos acuerdos con el mundo, también nos encontramos con que esta conexión llega a nuestros sótanos emocionales. Por desgracia, esa conexión nunca desaparecerá, dada su profunda programación en la fase más vulnerable e impresionable de nuestra formación. Por otro lado, se da un proceso de crecimiento natural en cada uno de nosotros y, a veces, simplemente dejamos atrás estos viejos miedos, inhibiciones y constricciones. En otras ocasiones hace falta una depresión o una serie de sueños inquietantes para que nos demos cuenta y exijamos una vida más grande.

A lo largo de los años me he encontrado con que, con independencia de lo exitosa que sea una vida, de acuerdo con cómo se mide con los parámetros frecuentemente superficiales de la cultura popular, la mayoría de la gente carece del permiso elemental para ser quien es o para dar voz a la magnitud del alma que hay en su interior. No hablo en absoluto de la autoindulgencia narcisista. En su lugar, hablo del permiso para permitir que lo que hay en la naturaleza de alguien sea y permitirle su expresión de formas que no sean dañinas para sí mismo ni para otros.

En 1948, el erudito junguiano israelí Erich Neumann publicó su obra fundamental *Psicología profunda y nueva ética: nueva valoración de la conducta humana a la luz de la psicología moderna*. La mayor parte de nuestra historia se ha visto definida por la ética normativa, por las pautas preceptivas. Los defensores afirman que estas aspiraciones se ven dictadas por los dioses, algunas por los ancianos de la tribu y otras por escrituras, tradiciones e instituciones veneradas. Sin embargo, la naturaleza siempre se rebela y busca su propia expresión. Cuando negamos la naturaleza, ésta rebota con sueños compensatorios, síntomas, lapsus de atención e incluso trastornos somáticos: «el regreso de lo reprimido», tal y como lo llaman los psicoanalistas.

Sin embargo, Neumann criticaba incluso la idea freudiana de la sublimación, es decir, encontrar una forma satisfactoria para la expresión de lo prohibido. Él sentía que esto era una evasión de la realidad del alma. El alma no era una cosa sobrenatural y liviana, sino nuestra esencia más profunda, basada en el cuerpo, la sangre y el deseo. Para Neumann, la «nueva ética» valora la consciencia por encima de todas las cosas. Uno debe volverse consciente de su capacidad para el «mal», para la expresión de esos valores contrarios a nuestro deseo para nosotros mismos, lo que Jung llamaba la sombra. Y uno debe honrarlos y a veces sufrirlos, por contradictorios que pueda parecer que son. No es una invocación pequeña tener que ocuparse de la pequeñez que yace en nuestro interior, la ira homicida, la pusilanimidad, la cobardía, pero aquello a lo que rehusamos enfrentarnos sigue vertiéndose al mundo de una forma u otra. La nueva ética significa que uno lucha para volverse tan consciente como pueda gestionar, y que entonces es responsable de todo lo que ha convertido en consciente, incluyendo nuestros momentos y motivos más oscuros.

Neumann no estaba (y tampoco lo estoy haciendo yo) llamando a que uno concretara los impulsos asesinos de su interior, las partes lujuriosas, tramposas y mezquinas de nuestra personalidad, ni las partes pomposas, henchidas de orgullo ni narcisistas. Más bien, a uno se le pide prestar atención y darse cuenta de que son, tal y como señaló el dramaturgo Terencio hace dos milenios, parte de quienes somos: «Nada humano me es ajeno».[8]

De vez en cuando, uno se encuentra con una persona cuyos padres u otras influencias formativas le dieron permiso, pero esto es algo muy raro y, por supuesto, requiere también de la buena suerte de un entorno cultural alentador. El permiso es algo que puede darse si los progenitores no sólo afirman al niño en sus luchas, sino también, e incluso más importante, viven ellos mismos una vida rica y plena. Como es bien sabido, Jung señaló que ninguna carga es mayor para un niño que la vida no vivida de su progenitor. Aquello a lo que no se ha enfrentado en la vida sigue siendo un techo de cristal, una constricción que o el niño sirve o tiene que dedicar mucho esfuerzo a atravesar.

Sin embargo, para la mayoría de nosotros, para la gran mayoría de las personas talentosas y exitosas que he conocido, el permiso no es algo que se dé, sino algo que debe tomarse. Una de las virtudes de la morta-

---

8. *Wikipedia*, «Terencio», última edición el 17 de noviembre, 2024, es.wikipedia.
org/wiki/Terencio

lidad, si uno desea fijarse en esa virtud, es el recordatorio de que las opciones importan de verdad y que el asunto del permiso para tomar esas decisiones es ahora crítico y necesario. Puede muy bien llevar a alguien a ser consciente de que una vida dirigida por el miedo es una vida no vivida. En los casos en los que atendí a aquéllos que estaban muriéndose, la mayoría llegó a la conclusión de que el interín les proporcionó una invocación urgente para una vida más grande. ¿Pero es necesaria la inminencia de la partida para llevarnos a esa urgencia? Espero que no. Muchos en el contexto de la terapia descubren que lo que les ha deprimido, lo que buscaban distraer o anestesiar, o aquello de lo que querían huir es, de hecho, la vida más grande que desea expresarse a través de ellos. El momento en el que nos damos cuenta de que tenemos la vida realmente en nuestras manos, de que se trata de una invocación espiritual que debe ser honrada, y de que privamos a los demás no compartiendo nuestro yo más desarrollado, entonces nos damos cuenta de que el permiso no es algo que se da, sino que es algo que debe tomarse. Y a partir de eso empieza una vida más grande, una vida de servicio a una fuerza mayor que nosotros. Y a partir de ese giro, recuperamos nuestra vida, la vida planeada por los dioses en primer lugar. Tal y como señaló Jung en una ocasión, la vida es una breve pausa entre dos grandes misterios. No puedo imaginar una definición mejor y más sucinta de la vida que ésa, pese a que añado que es cosa nuestra hacer que esa pausa sea lo más luminosa posible.

Capítulo 15

Exorciza los fantasmas del pasado que te tienen amarrado

Todos vivimos en casas encantadas y dormimos en la cama no hecha del recuerdo. ¿Qué significan estas metáforas? ¿No te preguntas, de vez en cuando, cómo está resultando tu vida, por qué las repeticiones, por qué surgen los patrones (especialmente aquellos que resultan dañinos para ti y para los demás)? ¿Cuán libres somos cuando tomamos decisiones críticas? Nadie se levanta por la mañana y piensa: *Hoy haré las mismas cosas estúpidas que llevo décadas haciendo.* Pero hay muchas probabilidades de que lo hagamos. ¿Por qué?

Nuestros antepasados creían en los fantasmas, en los espíritus de los muertos, en la existencia de poderes malvados en el universo y en la posibilidad del embrujo por parte de esos poderes. Sus creencias surgieron del hecho de que nuestras energías psicológicas son reflejas en cuanto a su carácter, invisibles para nuestra mente, pese a que sus consecuencias en el mundo sean visibles. Una de las formas de empezar a reflexionar sobre estos temas consiste en considerar que no haremos cosas estúpidas o contraproducentes a propósito, o que raramente las haremos. Haremos cosas que tengan sentido para nuestro estado emocional en cada momento. Haremos lo que sea lógico dadas las premisas emocionales bajo las que funcionamos en cualquier momento dado.

Como hemos visto, todos empezamos interpretando nuestro entorno (la familia de origen, la cultura popular, el *zeitgeist*) en busca de pistas en cuanto a en qué consiste el mundo y cómo debemos comportarnos para asegurar la seguridad y un poco de satisfacción de nuestras necesidades. Porque cuando se adquieren pronto, antes de la racionalidad, de la experiencia comparativa, de nuestra capacidad de valernos por nosotros mismos, esas premisas nos llevan a comportamientos evasivos, controladores o de obediencia. Esos comportamientos evolucionaron pronto en nuestra formación y se convirtieron en un sentido operacional de nosotros mismos. Años después, estos reflejos condicionados, estos programas protectores, están inculcados, constituyen un gobierno en la sombra de autoridad irrefutable en nuestro interior. ¿Por qué íbamos a abandonarlos, dejar caer nuestras defensas y resultar vulnerables cuando estos mecanismos protectores nos han hecho llegar tan lejos?

Además, las culturas tradicionales han reconocido, todas ellas, el poder de energías invisibles, que han llamado a veces hechizos, estados de posesión o fuerzas malévolas que deben ser apaciguadas, huir de ellas o ser sufridas de forma irremediable por un alma cautiva. Ciertamente, cuando Jung hablaba de cómo un complejo puede usurparle el poder al ego, usaba la palabra alemana *Ergriffenheit*, «el estado de estar poseído». Cuando estamos atenazados por un complejo poderoso, somos una ciudad-estado poseída, experimentamos su ocupación a través de nuestro cuerpo y servimos a su programa mediante la promulgación repetitiva de sus instrucciones. Dado que el complejo es también un guion escindido, no es de sorprender que el patrón se vea reforzado, ya que ese programa generado históricamente no ve su poder desafiado. Cada vez que servimos al complejo, su poder se ve ratificado y reforzado.

Una de las formas en las que esta aparición se da en cada uno de nosotros es en los patrones reactivos procedentes de nuestra madre y nuestro padre. Después de todo, ¿acaso no son nuestros modelos primarios, los promulgadores de nuestros papeles? Y no sólo de formas imitativas. Estamos asimismo a merced de lo que ellos no hacen, de lo que está prohibido o de lo que les resulta amedrentador. A pesar de la vida no vivida de cualquier progenitor o modelo a seguir, nosotros también nos vemos movidos a la repetición, estamos dirigidos por un impulso para huir de esa limitación a modo de sobrecompensación, o caemos víctima de nuestros planes de tratamiento inconscientes que generan una vida de adicciones, distracciones o agendas compulsivas para respirar libres.

De forma similar, muchos sufren los efectos prolongados de la privación, que reducen nuestro sentido de la legitimidad y el permiso para extendernos en nuestras posibilidades. Otros se sienten contaminados por la culpa por cosas que han hecho o no han hecho, y esta emoción nociva les cierra en banda o les fuerza a la sobrecompensación. Además, otros se sienten impulsados por la vergüenza para repetir su corrosión tóxica o para tratar este efecto devorador en forma de patrones de sobrecompensación. Y otros se sienten marcados por las traiciones, decepciones o desilusiones del pasado y desperdician las posibilidades actuales en forma de remordimiento, parálisis y recriminación. Es como si *uno estuviera definido por un sentido pasado de uno mismo en lugar de como una persona que puede aprender del pasado, aprender qué funciona y qué no.* Es una derogación de nuestra libertad esencial empezar cada día con una nueva posibilidad, nuevas opciones y nuevos resultados. Nadie soñaría con caminar hacia atrás por la calle, pero muchas veces lo hacemos, poseídos y definidos por un pasado deprimente en lugar de por las centelleantes posibilidades de un nuevo día.

Como cultura, también estamos poseídos por los fantasmas de constructos pasados. Para mis padres y para los padres de mis padres, los constructos como el género, la clase económica y la categoría racial, religiosa y étnica se pensaba que eran de carácter ontológico; es decir, dados por la naturaleza o la divinidad. Dados los poderes normativos de la cultura, a los niños se les etiqueta, categoriza y trata de acuerdo con estos constructos localizados hasta que se convierten en ejemplos de esas fuerzas formativas. La deconstrucción de esas categorías recibidas ha progresado ininterrumpidamente a lo largo del último siglo hasta llegar a ser las nuestras propias, aunque conservan su resistencia en muchas mentes. Poco a poco, estos estereotipos se ven desafiados por individuos talentosos, la apelación a la revisión crítica de prejuicios instalados en la ley local y nuestra propia imaginación insurgente. Lentamente, el derecho del individuo a su autodeterminación es poco a poco posible, pero, a pesar de ello, estas rotundas cadenas persistentes nos persiguen a todos. Aunque el tiempo está del lado de la creciente liberación del espíritu humano, nadie presente en ese planeta en la actualidad sentirá con plenitud la libertad para ser él mismo, ya que estos hilos invisibles que unen al espíritu con su pasado timorato son así de sutiles.

Puede que la mayor obsesión de todas se encuentre en nuestra confabulación con los caprichos, las veleidades y las vacilaciones de nuestro pasado. Todos aprendimos, como bien sabemos, que éramos relativamente incapaces en un mundo que estaba más allá de nuestra capacidad. Todos aprendimos que nuestra supervivencia, en el peor de los casos, y nuestra aceptación, también en el mejor de los casos, dependía de la aclimatación a lo que dicte el entorno. En el mismísimo momento en el que estoy escribiendo esta frase, miembros de una Iglesia fundamentalista, incluyendo los padres, han sido arrestados por golpear a uno de sus hijos hasta causarle la muerte y por herir de gravedad a otro hijo. ¿Cuál había sido el atroz crimen de sus hijos? Como hombres jóvenes, estaban buscando abandonar la reserva y salir al mundo como personas libres. Qué aterradora se vuelve esta opción para el aterrorizado. Si nuestros hijos se alejan de nuestro grupo, ¿cuán sólida puede ser nuestra posición? Sin embargo, esta formulación, por obvia que sea, supone ir un paso demasiado lejos para aquellos que viven bajo el terrible abrazo de categorías simplistas y buscan destruir sus propios miedos destruyendo a sus propios hijos. Cuán grande debe ser ese miedo y qué poco profundo su control sobre sus propias almas como para que, de este modo, violaran la tarea fundamental de cada padre de proteger a sus hijos.

En cada cultura hay historias, leyes, costumbres y sanciones que parecen veneradas por el tiempo y la práctica común, y que, a una mayor edad encontraremos arbitrarias, egocéntricas y que a veces violan de una forma grotesca al espíritu humano. Las almas piadosas han justificado y siguen justificando la esclavitud, el tráfico de personas y las discriminaciones de todo tipo. ¿Y pese a ello afirmamos que somos una sociedad iluminada? Así son los fantasmas que impregnan nuestro mundo y deterioran nuestra alma.

Sólo empezamos a enfrentarnos a estos fantasmas cuando alguien se nos encara y nos hace frente con las evidencias de nuestros comportamientos, actitudes y consecuencias; o cuando tenemos sueños obsesivos, sueños que nos hablan de nuestras vidas no vividas; o nos confrontan con nuestro abanico limitado de opciones; o cuando nos encontramos atenazados por estados de ánimo extraños que en apariencia no están desencadenados por eventos externos.

A veces nos encontramos con que todo lo que hacemos y hemos hecho sigue produciendo tedio, una falta de satisfacción, una distimia. En esos momentos, nuestra tendencia es la de redoblar nuestros esfuerzos y la desafección se multiplica. O anestesiamos nuestro desacuerdo interno con fármacos o distracciones o buscamos a gente tangible a la que culpar ahí fuera, en algún lugar. Sólo cuando la aflicción alcanza cierta proporción es probable que miremos a nuestro interior para reexaminar los principios y las percepciones que dirigen nuestra vida, o para entrar en un autoexamen serio. Pese a ello, es en esos momentos cuando se inicia la apertura hacia una vida más grande.

Puede que el mayor fantasma o posesión de nuestra vida sea el hecho excesivamente aprendido de la impotencia relativa en un mundo de gigantes y de poderes misteriosos, inexplicables e inexorables. Lo que se pierde en esta valoración es, por supuesto, el hecho contrario de que hay una magnitud de posibilidad en cada uno de nosotros, una fuerza central, una resiliencia perdurable que nos lleva a las invocaciones de la vida con una capacidad cada vez mayor de hacerse cargo. Hoy, más temprano, al llevar a cabo una supervisión con una terapeuta que estaba sopesando sus casos, observamos cómo algunas personas encuentran la capacidad resiliente de sobrevivir al maltrato, a la pérdida de seres queridos y a las heridas en su autoestima, mientras que otros se ven arrasados por los mismos eventos. Parece ser que no es lo que nos sucede, sino cómo internalizamos lo que nos acaece, cómo lo transmitimos. Lo que destroza a algunas almas parece energizar a otras con resolución y determinación.

Aunque la impotencia aprendida es una de las definiciones funcionales de la depresión, todos aprendimos la impotencia en nuestra experiencia como niños. Para algunos, este aprendizaje fue verdaderamente traumático e invasivo, pero incluso aquellos más heridos por la vida suelen mostrar una capacidad renovada para el crecimiento y el desarrollo, una resiliencia apabullante. Más bien, estas experiencias de infancia, que contienen la considerable energía que contienen, pueden alimentar la resolución para confrontar, abrirse paso y persistir frente a los obstáculos que nos presenta la vida. Pocas cosas sobrevivirán a la persona verdaderamente resuelta y persistente. Sé esto con certeza, y no sólo personal, sino que también lo he visto en la vida de decenas de clientes. No podemos ceder esta fuerza a otro, pero podemos reflejarla en nosotros y recordársela a otros, así como estimular y reforzar los poderes inherentes que nos han sido concedidos por la fuerza vital. Aprendemos pasando por estos miedos, no huyendo de ellos, y, por lo tanto, ratificando sus poderes preventivos.

Al final, estamos poseídos por los ejemplos del pasado, el permiso negado a vivir un viaje libre. Estamos poseídos por los ejemplos parciales de aquellos que pertenecen a nuestro ámbito, tomando su pusilanimidad u opresión como predictivas de las nuestras propias. Estamos poseídos por los constructos sociales que nos dicen qué es una mujer y lo que puede hacer y lo que no, y qué es un hombre y cómo sufrirá la vergüenza si vive fuera de estas constricciones calculadas. Estamos poseídos por la mala teología y psicología y los malos modelos sociales, que nos hacen creer que estamos definidos por nuestra historia, raza o herencia cultural. Estamos poseídos por las vidas no realizadas de nuestros antepasados y cuidadores. Estamos poseídos por la impresión muy extendida de que la historia es el futuro. Estamos poseídos por la limitada imaginación de nuestros complejos. E incluso más: estamos poseídos por la vida pequeña que vivimos a pesar de nuestras inmensas posibilidades. La posesión es individual, genérica, cultural y extremadamente difícil de desafiar, porque con bastante frecuencia parece ligada a generaciones de práctica, miedos ancestrales y defensas arcaicas de privilegios.

El mayor fantasma de todos, la mayor sombra que bloquea nuestro sentido de la soberanía en el mundo exterior es el espectro de nuestra vida no vivida. Algo dentro de cada uno de nosotros sufre, anhela, se desespera e incluso se sumerge para volver a emerger como fantasía, como proyecciones sobre objetos de deseo sustitutivos, o como un autoconsuelo anestesiante. Cuando no honramos al alma, cuando nuestra posibilidad se ve negada por un opresor externo, una prohibición social o, peor todavía, por nuestra pusilanimidad, nuestra patología se intensifica. Nos vemos bombardeados con calmantes farmacológicos, distracciones culturales y racionalizaciones y evasiones que facilitan estas desviaciones de las invocaciones de la condición de persona. En el contexto de tales posesiones, el mayor fantasma para nosotros es la aparición de lo que fue posible pero evitamos. Esos momentos no son muy bonitos y puede que tengan que poseernos todavía más para llegar a nuestra responsabilidad factible. Si vivimos en casas encantadas nos vemos llamados a encender las luces y limpiar la casa.

Capítulo 16

Libera a tus hijos de ti

Puede que la valoración clave de una crianza de los hijos exitosa, a pesar de los errores que hayamos podido cometer, sea si nuestros hijos comprenden de verdad que los queremos tal y como son y no como desearíamos que fueran. Esta prueba bastante sencilla es mucho más difícil de cumplir de lo que parece. Poder retirar nuestras expectativas relativas a ellos (que nos hagan sentirnos orgullosos de nosotros mismos, que ratifiquen nuestros valores religiosos, políticos y culturales) requiere, primero, que abordemos de verdad la tarea de nuestra propia individualización y que no les impongamos nuestros asuntos incompletos. La observación de Jung de que la mayor carga que debe llevar un niño son las vidas no vividas de sus progenitores es, francamente, escalofriante, ya que vuelve a poner toda la responsabilidad de madurar sobre mí. Parece ser que para ser un buen padre debo ser, en primer lugar, una persona más evolucionada.

El padre cuyo hijo juega en las ligas infantiles de béisbol y que le grita para que juegue mejor arruina el amor potencial de su hijo por el juego. No importa lo mucho que madure o consiga en la vida; ese niño recordará esos momentos en los que no consiguió complacer a su padre. He visto a muchos hombres recordar comentarios, críticas y expectativas de hace décadas y llevar esos momentos de vergüenza a mucho de lo que hacen o no consiguen hacer en la actualidad. Esos momentos de avergonzamiento aparecen en forma de una aversión al riesgo legítimo, de la sobrecompensación a través de conductas peligrosas o de adicciones que anestesian el dolor. La madre abonada a la entrada de artistas que empuja a su hija para que tome clases de ballet, de piano o de animadora, en un vano esfuerzo por redimir su concepto de sí misma hundido tiene el mismo impacto. Incluso la muerte del progenitor no borra esta sensación o reporte a una presencia que puede garantizar o retener los elogios y la aceptación. Independientemente de la intención o de la racionalización, estos progenitores cargan el viaje de su hijo, peligroso ya de por sí, de culpabilidad, vergüenza, fracaso, críticas no solicitadas y un impulso obsesivo-compulsivo de compensar en otros ámbitos.

La mayoría de los progenitores, incluso en la actualidad, desean que sus hijos crezcan en la misma religión, aunque esa confesión religiosa apenas se practique en la vida cotidiana. Todos sabemos que la mayoría de la gente adopta una religión personal basada en la casualidad de haber nacido en una cierta zona geográfica o tribu, y no debido a un genuino encuentro religioso o una elección personal auténtica. Se promete una aparente seguridad aportada por el número de personas y la identificación con el grupo y es promovida de forma narcisista al dictar que un hijo siga un camino similar al propio. Exponiéndolo sin rodeos: soy un buen padre, un progenitor exitoso, si mi hijo sigue mi camino, llega a unas decisiones y un estilo de vida similares a los míos, ratificando así la idoneidad de mi *ejemplo* para él. ¿Cuál es la base de ese pensamiento, común a la mayoría de los progenitores, aparte de la inseguridad personal? ¿Y cómo puede la inseguridad ser una base firme para una relación entre padre e hijo, por no mencionar el discernimiento genuino religioso o de los valores?

Prácticamente cada cliente con el que he trabajado a lo largo de las últimas cuatro décadas ha tenido que batallar muchísimo para encontrar un camino personal, un viaje que sea adecuado para él. Todos se encuentran con que sus viajes se ven obstaculizados por las limitaciones, presiones y modelos de sus padres. Y al igual que ellos luchan para encontrar el permiso, las fuentes de conocimientos y la orientación para trazar su propio camino, es fácil imaginar que sus hijos desearán la misma libertad. En resumen, ¿cómo podemos captar nuestras posibilidades, vivir nuestra vida auténtica, si no modelamos ni garantizamos un permiso evidente a nuestros hijos para que vivan los viajes distintos que busca su destino?

En *The Eden Project* escribí acerca de lo que llamo la invocación heroica, es decir, librar a mi pareja de los asuntos inacabados de mi propia vida. Llamo a esto heroico porque me pide que asuma una carga mucho mayor de la que se percibe como cómoda. Nos exige que dejemos atrás la parte dependiente que anhela, de forma encubierta, tener a alguien que cuide de nosotros. Por lo tanto, buscamos de un modo inconsciente convertir a nuestra pareja en el buen progenitor, el que nos descargue de los hombros la tarea de la autoestima, la rendición de cuentas personal, la responsabilidad de satisfacer la mayoría de nuestras necesidades.

De forma similar, los padres seguimos teniendo una tarea mucho más inconsciente e insidiosa pero igualmente heroica, que consiste en descargar de los hombros de nuestros hijos los asuntos inconclusos de nuestra propia vida. Cuanto más lo hagamos, más los liberaremos para que sean.

Aquellos padres que telefonean a sus hijos adultos varias veces a la semana están enviando un mensaje: no puedes vivir tu propia vida porque no puedes hacerlo sin mis consejos y asesoramiento, y porque siempre tienes que vivir con tus ojos mirando hacia atrás preocupándote por mí. Todo esto deja al niño / adulto agobiado, inseguro, enfadado y desviando energía de las tareas necesarias de su propia vida. Estas personas están saboteando a sus hijos, enviándoles mensajes desempoderadores y haciéndoles interpretar con nervios los caprichos de sus padres en cuanto a las instrucciones, las reprimendas y las expectativas. ¿Y podríamos llamar alguna vez a eso una buena crianza de los hijos, como estos progenitores profesan con tanta frecuencia?

Recuerdo a una hija que explicaba cómo temía llamar a su madre.

—¿Cómo estás, mamá?

—Bueno, bien, supongo.

El tono, por supuesto, le decía a su hija: deja de hacer todo lo que estés haciendo en tu vida y cuida de mí, hija. Por otro lado, había un hombre de mediana edad que se abrió a sus padres, temiendo la mayor herida que las personas homosexuales tiene que sufrir: el rechazo de las personas que son por parte de sus progenitores. Después de darles la noticia, su padre dijo: «¡Oh, gracias a Dios, y yo que pensaba que ibas a decirnos que te habías vuelto republicano!». Todos estallaron en risas, y él supo que su madre y su padre lo querían y que todos ellos iban a avanzar juntos.

Creo, verdaderamente, que la historia del mundo cambiaría si pudiéramos imaginarnos a unos padres lo bastante sanos, sabios, maduros y evolucionados como para decirle a su hijo, que está creciendo, algo como lo siguiente: «Quien eres es maravilloso. Estás aquí para convertirte en ti mismo lo más plenamente que puedas. Valora siempre los costes y las consecuencias de tus acciones en cuanto a cómo afectan a los demás, pero estás aquí para vivir tu viaje y no el de otra persona, y ciertamente no el mío. Yo estoy viviendo mi viaje, de modo que no tengas que preocuparte por mí. Tienes en tu interior una fuente poderosa (llámala tu instinto, tu intuición, la sabiduría de tus entrañas) que te dirá siempre lo que es adecuado para ti. Sirve a eso, respétalo. Sé generoso contigo mismo y con los demás, pero vive siempre lo que sea correcto para ti. La vida es, en realidad, bastante sencilla: si haces lo que es correcto para ti, es correcto para ti y para los demás. Si haces lo que no es correcto para ti, será incorrecto para ti y para los demás. Has de saber que puede que no siempre estemos de acuerdo con las cosas, y no pasa nada, porque somos personas distintas, y no clones. Has de saber que siempre te respetaré y te valoraré con independencia de tus decisiones, y que siempre encontrarás aquí a gente que te quiere y se preocupa por ti».

Creo que este mensaje, independientemente de cómo se redacte, cambiaría el mundo, porque no tendríamos a tanta gente dañada teniendo a sus bebés para transmitirles su patología. No tendríamos a tanta gente que se vuelve violenta debido a la ira de su alma atormentada. No tendríamos tantas vidas contraproducentes, evasivas, confundidas por las drogas y no vividas si la gente no estuviera tan distanciada de su propia alma. No tendríamos a tantas personas estúpidas que recurren a políticos y predicadores que les ofrecen soluciones simplistas para los problemas de la vida, les dan personas a las que culpar en lugar de que ellas asuman la responsabilidad, y que les ofrecen ideologías que abrazar en lugar del legítimo riesgo y recompensa que proporciona el hecho de que vivan su vida.

Si en algún momento vamos a liberar a nuestros hijos, al igual que deseamos vernos liberados de la red que nuestros padres podían haber tejido para nosotros, debemos generar nuestra propia vida. Y si de verdad queremos a nuestros hijos, como afirmamos, entonces tenemos que liberarlos de nuestras expectativas de que vivan como nosotros. ¿Por qué tendrían que hacerlo? ¿No son nuestras propias acciones suficientes? ¿Por qué tendrían que replicar nuestra vida a no ser que no consista en lo que parece que consiste (la preocupación propia de unos padres), sino más bien en nuestra inseguridad y en aquello en lo que hemos carecido de la valentía para enfrentarnos en nuestra propia vida?

Allá donde yo esté atascado estarán atascados mis hijos o estarán desviando una cantidad importante de energía para compensar y desatascarse. Allá donde yo esté amarrado por el miedo, por una falta de permiso, ellos estarán amarrados. Allá donde yo esté fijándome en otros para que me ayuden a evadir el hecho de madurar, ellos replicarán mi inmadurez o se verán excesivamente cargados de responsabilidades. Como padres, mentores o líderes de un tipo u otro, estamos llamados a madurar, cuidar de nuestros asuntos, conseguir nuestros propios viajes auténticos, y así retirar esta terrible distracción del alma de aquellos a los que el destino ha dejado a nuestro cuidado. Así es como sanamos, nuestros hijos sanan y sus posibilidades se liberan.

Capítulo 17

Dispensa amor a tus partes desagradables

Uno de los conceptos más importantes de Jung es la idea de la *sombra*. La sombra no es sinónimo de la maldad, aunque, ciertamente, una gran cantidad de maldad puede proceder de nuestras sombras. Definiría, más bien, la sombra como esas partes de nosotros, o de nuestros grupos y organizaciones, que, cuando son llevadas a la consciencia, son preocupantes para nuestro concepto de nosotros mismos, contradictorias con los valores que profesamos o intimidantes en cuanto a lo que podrían solicitar de nuestras almas tímidas.

Aprender acerca de nuestra sombra y enfrentarnos a ella es un problema moral central. Esto significa que debemos poder reconocer nuestros motivos narcisistas, nuestras retiradas cobardes y nuestra llegada a tratos inestables con nuestros valores y, pese a ello, no vernos agobiados por la culpabilidad por nuestras partes «desagradables». Siempre me he emocionado por la observación de dos mil años de antigüedad realizada por Filón de Alejandría de que deberíamos ser amables porque toda la gente a la que conocemos tiene un problema verdaderamente grande. Recordar eso me permite ser amable con mucha gente en este planeta con la que, de otro modo, tendría un conflicto. Sin embargo, debo confesar que tengo problemas aplicándomelo, dadas mis expectativas para conmigo mismo. No puedo negar lo que sé. No puedo verme exonerado del escrutinio radical que puedo aplicar a otros, y no puedo evadirme de la responsabilidad de lo que sea que se vierta sobre el mundo a través de mí. Así pues, encuentro difícil otorgarme ese respeto, ese nivel de perdón que puedo con tanta frecuencia conceder a otros.

Terencio me recuerda «nada humano me es ajeno». Por lo tanto, en mi inventario personal, debo incluir lo tramposo, lo cobarde, lo lascivo, lo mezquino e incluso lo violento. Puedo afirmar que nunca he matado a nadie, pero puede que, inconscientemente, haya matado a mi potencial, haya asesinado a mis mejores sueños o los de otros, o que, en mis distracciones y racionalizaciones, haya colaborado con los numerosos asesinatos que se producen en este mundo cada día. Sin embargo, reconocer esta complicidad, esta confabulación, equivale a sentirse superado por el fango, verse reducido a un destino estático, pasivo e incluso patético. Pese a ello, ¿no supone el inicio de la sabiduría reconocer que lo que está mal en este mundo también está mal en mí, y que lo que debe corregirse en este mundo empieza en mí en lugar de en predicarle a mi vecino?

Jung señaló que una persona sin sombra es una persona superficial. He conocido a algunas personas a lo largo de los años que han afirmado que no tenían sombra. Vivían bien, tenían buenas intenciones, no provocaban daño a los demás, pero no lograban ver los matices de sus comportamientos, las consecuencias no pretendidas de sus decisiones o las vidas pálidas que han llevado. Una de las formas más seguras de aprender algo acerca de nuestra sombra consiste en preguntar a aquellos que de verdad nos conocen, quizás a aquellos que viven con nosotros, que nos hagan saber qué es lo que hay en nosotros que les molesta, les hace daño y les obstaculiza. No muchos de nosotros accederíamos voluntariamente a una acusación potencial así, pese a que esto se desarrolla cada día en nuestras relaciones, a través de nuestros hijos y en nuestra contribución inconsciente a las patologías de nuestra época.

Cualquiera que se vuelva consciente a lo largo de los años debe, en ocasiones, echar la vista atrás y estremecerse: *¿En qué estaba pensando? ¿Por qué hice eso? ¿Por qué no hice, entonces, lo que sabía que quería?, etc.* La lista de detalles es tan larga como hayamos vivido, y sigue creciendo. Posiblemente, el mayor de los asuntos relacionados con la sombra sigue estando por venir. Me encuentro con que el mayor asunto relacionado con la sombra, al que más se resiste la gente, más racionaliza para sacárselo de encima y más evita es la magnitud de la vida no vivida. Tal y como acabamos de decir, Jung señaló que la mayor carga que debe soportar el hijo es la vida no vivida de su progenitor. Asimismo, sospecho que la mayor carga que nuestra alma debe soportar es la vida no vivida. Hay algo en todos nosotros que sabe lo que es adecuado para nosotros, qué camino es el nuestro y no el de otra persona, algo que nos hace ir más allá de nuestra zona de confort y hacia áreas de crecimiento, desarrollo y presencia en este mundo mayores que las que hemos vivido hasta este momento. Todos tenemos (por usar el término de nuestros antepasados), un *daimon*, un espíritu guía, un vínculo con las energías superiores que discurre no sólo a través de nosotros, sino también del universo. El *daimon*, tal y como nuestros ancestros lo entendían, era un espíritu guardián, un agente que ligaba el microcosmos con el macrocosmos. Todos nosotros hemos vivido esta experiencia, sobre todo en la infancia, pero cuando más adelante esa voz, esa instigación, aparece, nos parece amedrentadora, porque nos exige demasiado, o por lo menos nos exige aquello que nos desplaza fuera de nuestra zona de confort. Es en esos momentos cuando posponemos, reprimimos o distraemos a la voz interior y elegimos el camino más cómodo. ¿Cuánta gente me ha dicho que desea hacer algo, como por ejemplo escribir un libro, y cuánta llega a hacerlo? No logran comprender que tienen que entregarse a sus miedos y sacrificar sus comodidades persuasivas para hacerlo. Deben dejar a un lado la baja autoestima, traer la disciplina necesaria para cada día y mostrarse de una forma mayor que la que les haga sentirse cómodos. Y si no hacen esto, algo en su interior lo sabe y se amarga, lo lamenta y se apena. Y cuanto más se produzca esta huida de lo que quiera vivir a través de nosotros, más crecerá la sombra, más intimidante se vuelve nuestra vida. Después de todo, si no puedo enfrentarme a mí mismo, admitir mis miedos y seguir batallando con lo que quiere salir al mundo a través de mí, ¿cómo me enfrentaré a los miedos que se encuentran tan fácilmente en este mundo?

En el inventario cada vez mayor de la autocrítica, encontramos cada vez más difícil perdonarnos y avanzar en el servicio a la vida. Por supuesto, están aquellos que avanzan sin preocupaciones por la vida, sin ser conscientes ni interesarles las consecuencias para ellos mismos y los demás. Algunos de ellos son sociópatas y viven en un desierto emocional árido. Dejaron de sentir hace mucho tiempo. Sin embargo, la mayoría no lo son. Simplemente intentan ir un paso por delante de su vida, por delante de las consecuencias, y tienen preparadas racionalizaciones que incluso ellos saben que son espurias.

No obstante, con más frecuencia, la gente se hunde bajo el peso de la culpa, la vergüenza o la traición. Estas emociones perniciosas representan un reconocimiento esencial del daño hecho, pero siguen envenenando el alma con las toxinas debilitantes que impiden el cambio. Aunque todos los programas de doce pasos promueven un inventario propio, una lista interminable de daños a nosotros mismos y a otros, siguen con la recomendación de que uno debería buscar la confesión y arreglar las cosas con las personas a las que hemos hecho daño, si hacer eso no provoca un dolor ulterior. Todo eso tiene sentido. Sin embargo, tenemos que añadir nuestro propio nombre a esa lista de personas heridas, a la lista de las personas que necesitan resarcimiento y reparación.

Al igual que cualquiera de nosotros puede que sufra remordimientos por cosas hechas y cosas no hechas, también debemos ver de qué forma el legado de esas decisiones sigue afectando a otros, o si quizás sigue metastatizándose en nuestro interior. Estos tratamientos compensatorios inconscientes de esta discrepancia pueden mostrarse en forma de comportamientos anestésicos, vidas de distracción o vidas de compensación compulsiva. Las tareas inconclusas del pasado pueden mostrarse a través de las tareas dominantes del presente. Puede mostrarse en forma de evitación de nuevas iniciativas, nuestro autosabotaje, nuestra huida del compromiso con distintas áreas sensibles. Es evidente que el pasado no desaparece y no es pasado. Una vez más, la verdadera pregunta es: ¿qué nos hace hacer y qué evita que hagamos?

¿Cómo puede alguien, entonces, decir que uno debe aprender a querer a estas partes desagradables? Una de las paradojas de la vida de Jesucristo fue su exhortación a amar al enemigo, a abrazar a aquellos que nos persiguen. ¿Cuán imposible puede ser una idea así? Francamente, es tan imposible que la mayoría de sus defensores ni siquiera se molestan en intentarlo ya más y disponen de racionalizaciones para legitimar este juego de manos moral. Amar al enemigo me exigiría entonces que me amara a mí mismo al igual que a mi enemigo.

Si estamos viviendo de acuerdo con nuestra realidad interna mientras, al mismo tiempo, sufrimos las depredaciones de este mundo discordante y con malestar, disponemos, no obstante, de energías alentadoras, afectos esclarecedores y un propósito. Cuando nos salimos del camino, esas mismas manifestaciones se vuelven en nuestra contra. Aunque el mundo recurre a la farmacología para entumecer la discordancia interna, la cuestión que permanece es, sencilla y obviamente, la siguiente: ¿qué quiere el alma en oposición a nuestros complejos protectores pero regresivos? Esta sencilla pregunta es intimidante porque una agenda así puede conducir, con mucha rapidez, a lo mayor, más que a lo menor en nuestra vida, redefiniendo necesariamente nuestra sensación de en qué consiste el viaje de nuestra vida.

Cualquiera con una pizca de conciencia de sí mismo puede que descarte al respeto por sí mismo como la primera víctima de la inocencia y el hinchamiento orgulloso. Pero, entonces, ¿cómo vive alguien una vida productiva y de crecimiento después de eso? Tener una autoestima despreocupada y no puesta a prueba está sobrevalorado. Si estás ocupado llevando la vida que se supone que tienes que llevar, en lugar de simplemente estar ocupado en estar atareado, te encontrarás con que viejas cuestiones sobre la autoestima se deslizan en segundo plano.

Cuanto más reflexivos seamos, mayor será la lista de cosas que solicitan disculpas. Dado que es tan difícil que nos perdonemos a nosotros mismos cuando somos tan sensibles a aquellos que hay a nuestro alrededor, siempre he obtenido algo de chispa del concepto de la gracia. El teólogo Paul Tillich lo expresó de la mejor forma posible como la aceptación del hecho de que somos aceptados, a pesar de que somos inaceptables.[9] Sí, dada la responsabilidad de un adulto reflexivo y consciente, nuestra lista de defectos es ciertamente larga. Y pese a ello, dado que no somos más que humanos sensibles y vulnerables y estamos ligados a nuestra lacerante historia, entonces, ¿por qué no podemos prestarnos a una medida de gracia como haríamos sin problemas con otros? ¿Desde cuándo estamos exentos de la condición humana? ¿Por qué somos una excepción a la recomendación de Filón relativa a la amabilidad, dado que nosotros también somos personas dentro de una gran multitud con problemas realmente grandes? ¿Por qué somos más juzgados

---

9. TILLICH, P.: *The courage to be.* Yale University Press: New Haven, 2000 [1952]. (Trad. cast.: *El coraje de ser.* Avarigani: Madrid, 2018).

que el otro? ¿Acaso no es nuestra condena radical de nosotros mismos una variante narcisista de nuestra «peculiaridad»? ¿Acaso no es una forma de narcisismo peculiar criticarnos más que a los demás? ¿Acaso no es una satisfacción perversa negarnos la gracia que podemos otorgar a los demás? ¿Acaso no es un fracaso del amor ser incapaces de amar incluso las partes desagradables de nosotros mismos?

La capacidad de amar a nuestras partes desagradables no es un respaldo, sino un reconocimiento de que también forman parte de quienes somos. Estas áreas problemáticas del alma son lo que da forma y profundidad a la *gestalt* humana, sin la cual no seríamos más que criaturas de nuestro entorno, autómatas de la «bondad», condicionados por fuerzas agobiantes de castigo, presión social y reconciliación. Estas partes son lo que nos confiere carácter, en lugar de las criaturas con un alma fina y unidimensionales para lo que a veces fuimos criadas. Estas partes desagradables son lo que nos hace más humanos y, por lo tanto, más dignos de gracia y amor. Sólo la gracia, que acepta, y el amor, que sana, pueden llevarnos a una vida espiritual más grande, a no ser que permanezcamos atrapados en la recriminación y el menoscabo de la riqueza del alma. Además, paradójicamente, sólo en el acto de amar a estas partes desagradables de nosotros mismos, que la consciencia de nuestro ego considera ajenas, podemos llegar a amar a otros. Esta aceptación de los demás empieza en casa, aceptando al otro que también reside en nuestro interior. Yo mismo sigo trabajando en esto todavía, pero lo sigo haciendo.

Capítulo 18

Honra la diferencia entre trabajo, deber y llamada

¿Tenemos un deber para con el deber? Sí, por supuesto. ¿Para con nuestro trabajo, por ejemplo, o un deber para con nuestra pareja? Sí, una vez más. ¿Tenemos un deber para con una llamada? Sí, también. Pero ¿cuál es la diferencia y cómo los distinguimos?

Por explicarlo de forma sencilla, los trabajos son la forma en la que podemos ganarnos nuestro sustento. Necesitamos trabajo para pagar las facturas, respaldarnos a nosotros mismos y a otros y hacer contribuciones a este mundo. He segado césped, he trabajado en el almacén de un supermercado en una línea de montaje por un magnífico sueldo de 1,75 dólares la hora, he limpiado casas por unos cuatro dólares la hora, he enseñado inglés a extranjeros y he sido profesor en una universidad, además de escritor profesional, orador, maestro y psicoanalista. La tarea de trabajar en una línea de montaje hace muchos años me enseñó a aprender cómo funcionan las máquinas y las líneas de montaje, y lo más importante, cómo la mayoría de los hombres y las mujeres tienen que pasar su vida, entre ellos mi buen padre. Los trabajos de limpiar casas y enseñar inglés a extranjeros los desempeñé cuando yo era un extranjero en otro país, trabajando a veces en negro y agradecido por obtener dinero para financiar mis estudios y horas de psicoanálisis. De ellos aprendí las habilidades de la supervivencia, de contar cada centavo y de la disciplina.

Dado que mis dos progenitores trabajaron casi toda su vida, esto supuso no sólo un modelo, sino también una lección crítica de reciprocidad. Trabajaban no sólo para ellos mismos y por su propio hogar y su comida, sino también por mí, y yo nunca dudé de que sacrificaron mucho en su alma para que mi hermano y yo tuviéramos comida en la mesa y ropa con la que vestirnos. Nunca dudé de que cuando creciera no sólo haría lo mismo, sino que pagaría el precio necesario para ser responsable ante los demás, además de ante mí mismo. Hasta el día de hoy tengo más de un trabajo. La diferencia en la actualidad es que cada trabajo alimenta el espíritu y el alma, y ahí está el truco.

El deber es donde reconocemos las reclamaciones legítimas que los demás nos hacen. El deber es la forma en la que hacemos que nuestra sociedad siga funcionando. Siento una enorme admiración por aquellos que se levantan por la mañana y, con el cuerpo y el espíritu doloridos, van al trabajo, quizás llevando «unas vidas en silenciosa desesperación», como decía Thoreau, pero que, sin embargo, se mantienen a sí mismos y a aquellos que tienen a su cuidado. Estoy agradecido a las almas que conducen los autobuses que pasan por mi calle, a los bomberos, a los policías y a los funcionarios que están ahí, preparados para ayudarnos en cualquier momento. Estoy agradecido a la gente que recoge nuestra basura, que retira la nieve de nuestras calles y que mantiene todos los sistemas en funcionamiento. Pienso en ellos cada día en gratitud mientras nos cruzamos en nuestro camino al trabajo; y pienso en los ancianos y los enfermos que ya no pueden trabajar, y les doy las gracias por reflexionar sobre su vida y por aportar a la suma de lo que realmente constituye una sociedad. Todos ellos están cumpliendo con su deber.

En *Creating a life*, escribí sobre la maravillosa novela *La mujer del teniente francés*, de John Fowles, que transcurre en pleno apogeo de la época victoriana, cuando el modernismo chocó, erosionó y socavó las certezas de tiempos pasados. En la novela, el personaje central es un hombre consciente de que es un creyente de su herencia religiosa y está comprometido con una joven mujer llamada Ernestina (un nombre que resultaría muy acertado en inglés, ya que equivaldría a «pequeña Honestidad»). Él también es miembro de una profesión nueva y emergente: la geología. Al verse expuesto a las nuevas investigaciones sobre los fósiles, que socavan con claridad las certidumbres de su tradición (con sus interpretaciones literales rocambolescas y largamente veneradas de las escrituras) y que plantean un mundo mucho anterior que va más allá y que es bastante más complejo que lo que su tradición desea ratificar, se ve empujado a un conflicto en cuanto a su deber. Tiene un deber para con sus valores religiosos y también para con su llamada profesional como científico. ¿Qué hacer?

Este dilema se ve intensificado por su encuentro con una mujer de dudosa reputación de la que se enamora. Está ligado a su deber para con Ernestina y al contrato legal vinculante que implicaba entonces un compromiso. Romper ese contrato lo sometería a sanciones legales y, peor todavía, a las calumnias públicas y al exilio. ¿Qué hacer?

Jung señaló que la mayoría de las neurosis, nuestras grietas internas profundamente dolorosas, surgen porque experimentamos el tira y afloja de deberes legítimos. Al final, Charles, el geólogo, debe tomar unas decisiones muy dolorosas, arruina su trayectoria profesional y su reputación y pierde a ambas mujeres. Le dejo al lector que lea toda la historia y que sepa el porqué.

Tarde o temprano, la mayoría de nosotros nos enfrentamos a decisiones difíciles y sufrimos muchísimo. Una vez más, Jung habló de este tipo de dilema. Escoger entre A o B de una manera despreocupada equivale a violar la legítima reivindicación del otro. Su consejo consiste en sufrir la tensión de los opuestos en nuestro interior mientras podamos soportarla y esperar hasta la aparición de la «tercera vía». ¿Y qué es la tercera vía?

En la elección entre A y B, en la que cada una de las opciones presenta unas afirmaciones legítimas para con tu deber, la tercera vía encarna el discernimiento sobre qué opción nos invoca hacia un viaje más evolutivo de desarrollo. Así pues, por ejemplo, mucha buena gente se siente vinculada por el honor para encargarse del bienestar de sus progenitores, y así debería ser. Sin embargo, muchas veces este deber es un complejo antiguo que provoca un nivel desorbitado de ansiedad interpretado a modo de culpa, como ya hemos visto en este libro. A veces, el precio del nexo entre el progenitor y el hijo es tan elevado y la atmósfera tan tóxica que el hijo tiene que alejarse para salvar su vida. En ocasiones, el niño *y* adulto debe alejarse para asegurar su propio viaje cuando el progenitor exige, con narcisismo, y le chantajea emocionalmente hacia la sumisión.

En la elección entre A o B, cuando una de las partes sobrevive a las condiciones operativas de la relación, ¿qué debe decidir él o ella? En un caso, abandonar es un ejemplo de inmadurez, de huida, y él o ella debe quedarse para solucionar algo que sigue sin resolverse. En otro caso, él o ella debe marcharse, ya que permanecer equivale a sucumbir a la reivindicación del complejo, al deber como mera obligación, y permanecer debido a esta razón aplasta su propia integridad psicoespiritual. No podemos dictar una conclusión para otra persona desde el exterior. Al contrario que la percepción pública, no es tarea o trabajo del terapeuta «salvar el matrimonio». El deber del terapeuta consiste en ayudar a cada parte a identificar, mediante un sufrimiento honesto y un discernimiento difícil, cuál es la tercera vía para ellos. Cuando ambas partes siguen con fidelidad este proceso, he visto que la mayoría puede estar de acuerdo con la resolución: continuar de forma evolucionada o disolver la relación con comprensión y buena fe por ambas partes. Aunque todos tenemos complejos alrededor del abandono y la decepción, algunas de las mejores tareas que pueden hacer los terapeutas es ayudar a las partes angustiadas a alcanzar un acuerdo de que aunque existe un deber para con el deber, también hay un deber para con la verdad del alma, con independencia de la que sea.

Cuando incluimos al alma en la mezcla con el trabajo y el deber, planteamos la cuestión de la vocación. Vocación deriva del término latino *vocatus*, que significa «llamada» o «ser llamado». La consciencia del ego no lleva a cabo la llamada, sino que es más bien el ego, toda la persona, el que es llamado. ¿Llamado por qué? ¿Dios, la naturaleza, el alma? Emplea la metáfora que prefieras. *Llamado* significa que la consciencia del ego, frágil y quebradiza, nerviosa y motivada, fija o fluida, como esté en cada momento, vive a todas horas en un contexto más amplio. Parte de lo que significa ser un adulto emergente consiste en ser consciente, tanto del diminuto lugar que ocupa nuestro ego, cual frágil corcho que flota en un mar tenebroso, como de la inmensa invocación a la cual debe rendir cuentas. El ego está, después de todo, obligado a tomar decisiones a cada hora, ya que con frecuencia se ve sacudido en direcciones opuestas entre fuerzas de campo que compiten entre sí. Todos nuestros sistemas, nuestra ética, nuestra jurisprudencia y nuestras visiones morales hacen responsable a la consciencia del ego de cualquier vertido en el mundo, incluso aunque procedan de nuestro inconsciente. No puedo decirle a un juez: «Eso procedió de mi inconsciente y, por lo tanto, no soy responsable». Ningún sistema civilizado nos permite salir impunes con esa escurridiza estrategia. Por lo tanto, seguimos siendo responsables ante el mundo, con nuestra vida cotidiana, el uno con el otro y con nuestra propia alma. A veces, estas afirmaciones discrepantes sobre nosotros están de acuerdo con nosotros, y en otras ocasiones nos provocan enormes sufrimientos.

La vocación es nuestro deber para con nuestra llamada. En algunos casos, las personas son lo bastante afortunadas como para juntar el trabajo, el deber y la llamada de una forma unificada. Yo soy una de esas personas afortunadas, y aunque no siempre fue así, lo ha sido desde hace ya muchos años. Cada día estoy agradecido por eso. Mi trabajo de ganarme la vida, mi deber de contribuir al mundo en el que vivo y mi vocación de ser profesor en los diversos foros de las aulas, los libros y la terapia son uno y son como una red sin fisuras la mayor parte del tiempo. Nunca olvido el privilegio que se me ofreció por haber nacido en una época en la que un niño pobre podía, a fuerza de la educación y la persistencia, trabajar para crear una vida mucho más satisfactoria que la experimentada por sus predecesores. La mayor parte de la humanidad no ha tenido esta oportunidad.

El concepto de Jung de la individualización está pensado para verse desde esta perspectiva: concretamente como un deber para el alma. Por consiguiente, a uno no se le concede permiso para la autoindulgencia narcisista ni se le perdona el quebrantamiento del espíritu mediante la huida de las normas de su tiempo y espacio, sino que más bien se le permite el sacrificio que la vocación genuina requiere tan típicamente. Se exige algún nivel de sufrimiento siempre que la vocación invoca a una persona. Para Jung, la idea de la individualización no consiste en la soberanía del ego, sino en el sacrificio. Pero ¿qué se sacrifica? Lo que se sacrifica es la comodidad del ego, el camino fácil, el sendero muy trillado. Como ejemplo notorio, Dietrich Bonhoeffer tuvo una vida fácil enseñando en el Seminario Teológico Unión en la ciudad de Nueva York, pero también tenía una vocación. Y la sirvió regresando a su patria, capitaneada entonces por un grupo de matones e ignorantes, para hablar contra los horrores del Tercer Reich. Acabó sus días como víctima de esos miserables, pero sirvió a su llamada de fe. En una de sus cartas, pedía no que Dios lo rescatara de sus captores, sino que pudiera tener el coraje y el conocimiento para abrirse camino hasta lo que Dios le pedía en esa terrible época y lugar. Eso hizo, y que diera testimonio a la verdad de su alma es la razón de que en la actualidad lo honremos a él y a muchos otros con un alma grande.

La mayoría de nosotros no vivirá una vida tan dramática, pero, pese a ello, cada día somos llamados a decidir qué tipo de ser humano seremos. En realidad, no tenemos que pensar mucho. Podemos permitir que nuestros deberes legítimos cotidianos nos lleven.

Podemos dejar que nuestros complejos adquiridos desplieguen sus programas generados históricamente para nosotros, y por lo general encajaremos, se nos echará en falta cuando fallezcamos y contribuiremos con lo que sea que estábamos destinados a producir por nuestro deber, aunque nunca habremos estado en presencia de lo grande. La individualización no consiste en actos audaces en el gran lienzo de la historia, por lo menos no para la mayoría de nosotros. La individualización puede, de hecho, ser mucho más difícil que eso.

La individualización puede, simplemente, consistir en intentar mostrarnos como nosotros mismos más días que en los que no lo hacemos. Todo lo que se nos pide hacer de acuerdo con la historia, los dioses, la naturaleza o el destino (escoge la metáfora que prefieras) es mostrarnos tal y como somos de verdad. Lo que somos de verdad no está destinado a encajar, ser normal ni imitar la vida de nadie. Después de todo, eso ya se ha hecho, así que, ¿por qué repetirlo? La individualización es la invocación para madurar, para alcanzar la condición de persona, para ser una buena persona.

La individualización significa que aportamos nuestros yos idiosincráticos, excéntricos y que no encajan del todo en este mundo. Privamos al mosaico de la historia, con independencia de lo que nuestra pequeña pieza aporte al puzle, cuando anulamos, huimos, evitamos o evadimos nuestras llamadas como almas. Todos nosotros sabemos, en algún sentido profundo, qué nos pide nuestra alma, cuál es, más profundamente, el camino adecuado para nosotros por peligroso que pueda parecer. Responder a lo que conocemos, intentar vivirlo de nuestras formas con frecuencia inapropiadas e incluso incompletas es todo lo que nos pide la vida. La vida nos exige trabajos para ganarnos el sustento, deber para servir a los lazos que nos conectan y vocación para aportar la increíble riqueza que cada persona trae a la larga travesía en la que está embarcada esta especie, a pesar del largo camino que nos queda por recorrer.

Capítulo 19

Desarrolla una espiritualidad madura

La espiritualidad es uno de los términos más resbaladizos de nuestra época. ¿Qué significa? ¿En qué modo difiere de la religión? ¿Son lo mismo o están en conflicto? ¿Y cómo podemos identificar la espiritualidad, especialmente una espiritualidad madura? ¿Quién puede decir cuál es cuál?

Para abordar estas preguntas, primero debemos plantear la pregunta de la autoridad. ¿Quién está autorizado a tomar estas decisiones, nosotros u otra persona por nosotros? ¿Y qué sucede si esa autoridad es incompatible con nuestra propia realidad o con lo que se halla muy dentro de nosotros? Históricamente, la autoridad recaía en la tribu, basada en sus ancianos, sus antepasados, sus historias venerables. Que otras tribus tuvieran unas autoridades asimismo persuasivas, unas tradiciones sagradas y otras cosas por el estilo sólo constituye un problema si alguien reivindica la verdad superior de su propia autoridad popular y niega la autoridad popular del otro. O tal y como apuntó con ironía Joseph Campbell, el mito es la religión de otras personas.

Por desgracia, la mayor parte del tribalismo, hasta e incluyendo las tumultuosas guerras de religión de nuestra propia época, demuestran, una vez más, la inseguridad central de este animal humano que no puede ir más allá de su propia gestión interna de la seguridad y recurre a la defensa primitiva de: «Yo estoy en lo cierto y tú estás equivocado» o «Mi Dios es el Dios verdadero y tu dios es un impostor». Que hayamos sido testigos de este lamentable espectáculo de guerras religiosas cargadas de complejos y tribalistas durante toda la historia de la humanidad dice algo sobre nuestra dificultad general para aceptar la ambigüedad o la premisa de que la única forma de respetar el misterio consiste en permitir que siga siendo el Misterio, sin buscar privatizarlo, codificarlo y hacerlo nuestro propio. La soberbia oculta tras estas teologías es tan evidente que resulta embarazosa para una persona reflexiva, pero no podemos sino poner demasiado énfasis en el poder de la ansiedad humana para perpetrar la más espantosa gimnasia mental para justificar cualquier cosa.

Lo que pasa por religión popular en Estados Unidos y en muchos países desarrollados es un encuentro bastante patético con la complejidad del hecho de ser humano en un universo en esencia incognoscible. Las mayores agrupaciones religiosas se muestran de dos formas. Una rama infantiliza a su rebaño haciéndole sentir culpable, recordándole cómo no logró estar a la altura de unos estándares imposibles de perfección moral. Esta estratagema es infantilizadora porque activa los imagos parentales que hay dentro de la cabeza de la mayoría de nosotros. Una vez evocado, este imago parental amenaza con el castigo y la retirada de la aprobación, y cualquiera de estas dos cosas resulta devastadora para un niño. Que un material así se evoque tan fácilmente es una indicación de lo ineficaz que es buena parte de la crianza y educación de los hijos: que el niño no perciba una sensación de valía personal y confianza en el otro. Una traición doble así de las necesidades legítimas de cada persona se repite en la patologización de estos «adultos». Puede que tengan un cuerpo grande, pero en el interior se encuentra el niño aterrorizado e invadido. ¡A aquellos que explotan esta vulnerabilidad humana debería darles vergüenza!

Por otro lado, están esos tipos bien peinados y engominados que le dicen a la gente lo que quiere oír: que se pueden garantizar tus deseos si tienes una buena conducta, un buen pensamiento y unas buenas costumbres. Aunque este toma y daca arrogante y oportunista se hizo añicos hace milenios por la sabiduría del Eclesiastés y de Job, ¿qué vende mejor hoy que la satisfacción del deseo del materialismo, el hedonismo y el narcisismo? ¿Por qué no iba cualquiera de nosotros a querer estar a buenas con el Tipo Grande que está allá arriba, que puede aportar generosidad sobre nuestra pequeña vida? Esta «teología» es propaganda entusiasta disfrazada, un discurso promocional y motivacionalismo, y ratifica la avaricia, el narcisismo y el deseo de un paseo por una vida fácil. ¿Qué doble trauma experimentará esta gente cuando el mundo real vuelva a aparecer de nuevo, como siempre hace, para refutar la simplona motivación de ventas de estos hábiles promotores, para los que el único exceso son los cofres abultados de sus fortunas privadas? ¡Que la vergüenza caiga sobre aquellos que explotan esta vulnerabilidad humana!

Para que cualquier persona desarrolle una espiritualidad madura puede que sea necesario revisar las ruinas de muchas grandes tradiciones, orientales y occidentales, ya que todas ellas tienen una gran sabiduría encarnada en sus historias y sus figuras ejemplares. Al fin y al cabo, «el moderno» es una persona que comprende que, para bien o para mal, la responsabilidad por la espiritualidad ha pasado de la religión tribal a los hombros del individuo. Aunque esto supone una enorme libertad, ciertamente un privilegio (una proposición de dignidad para el alma humana), también supone una carga insoportable para muchos. Una persona así tiene entonces que preguntarse qué concuerda con su realidad interior y rechazar lo que pueda hablarle a otros, pero no a ella. Nunca en la historia registrada ha habido una crisis mitológica así para tantos; nunca en la historia humana ha habido tanta gente libre para decidir su camino y lo que constituye la autoridad para ella.

El proyecto humano está bañado en el misterio: ¿De dónde venimos, adónde vamos y, en medio de ello, qué tenemos que hacer? Estas preguntas son universales y atemporales. Cada uno de nosotros está llamado a abordarlas por su cuenta. Si no lo hacemos, entonces somos autómatas que sirven a las presiones ejercidas a nuestro alrededor o le hemos cedido nuestra autoridad a otra persona. Cualquier encuentro con el misterio genuino, ya sea en el cosmos, en la complejidad del átomo, en cada uno de ellos o incluso en nosotros mismos, es un encuentro con lo otro o lo diferente radical, tan radicalmente diferente que nunca lo sabremos con total certeza. Si lo supiéramos, no sería el Misterio, sino un insignificante artefacto de construcción humana.

Debemos tener en cuenta, por un momento, la fenomenología del encuentro con el misterio. Cuando nos encontramos en presencia de lo otro, lo diferente genuino, nos emocionamos, conmovidos, incitados, atraídos o aterrorizados, según sea el caso. Lo que surge de esa experiencia fenomenológica es el epifenómeno, es decir, la imagen que surge de la experiencia y que genera nuestro vehículo para relacionarnos con lo otro trascendente. La imagen y nuestro conocimiento, por provisionales que sean, no son el Misterio, sino que son los subproductos del Misterio. Pese a ello, la naturaleza de la consciencia del ego humano es la de obsesionarse con esa imagen o esa formulación provisional como testimonio de nuestra necesidad de desmitificar las cosas, comprenderlas y quizás incluso controlarlas. Sin embargo, al hacerlo, cosificamos, insensibilizamos y concretamos la imagen o el conocimiento, y con el tiempo nos unimos al epifenómeno, y no al Misterio. Así pues, codificamos e institucionalizamos nuestras experiencias, y cuanto más operamos con estas elaboraciones terciarias, con independencia de lo sincera que sea nuestra intención, más apartados estamos del propio Misterio. Una de sus consecuencias más siniestras es, pues, la convicción de la rectitud que uno posee al censurar la experiencia de otros. Como señala sabiamente la escritora Anne Lamott, podemos concluir que hemos hecho a Dios a nuestra propia imagen y semejanza cuando resulta que nuestro Dios odia a las mimas personas que nosotros.[10]

Estas cuestiones requieren, naturalmente, que la persona sincera se tome muy en serio la contundente crítica de Freud a la religión. Él opinaba que la mayoría, por no decir todas, las religiones son la proyección de complejos parentales y patrones relacionales infantiles sobre la pantalla blanca del universo. Del mismo modo, es el esfuerzo para asentar seguridad en este tránsito peligroso mediante el planteamiento de una vida después de la muerte y un estado paradisíaco anhelado. Puede que Freud no esté equivocado *per se* si uno examina las raíces psicológicas de sus propias formulaciones religiosas.

Sin embargo, creo que yo tampoco estoy completamente en lo cierto. Hay un lugar en la vida del animal humano para el asombro, la curiosidad y la amplitud de miras ante la otredad insondable del universo. Esta espiritualidad se encuentra en el artista cuando suspende los controles de su ego y pinta las imágenes que surgen de zonas descono-

10. LAMOTT, A.: *Traveling mercies: Some thoughts on faith.* Anchor Books: Nueva York, 2000, p. 22.

cidas. Se encuentra en el científico que reflexiona sobre las complejidades de la molécula o los planetas que giran y desarrolla un modelo incluso mejor que el que se usaba antes. Se encuentra en el progenitor que sostiene a su hijo en sus brazos por primera vez, viendo cómo esta cosita frágil respira por su cuenta y sabiendo que toda la historia de la humanidad está empaquetada en el interior y desea desplegarse. Se encuentra cada vez que nos vemos empujados a encontrar el misterio los unos de los otros y la infinidad de posibilidades que se hallan en nuestro interior.

No necesitamos otra vida ni otro universo, ya que éste es más de lo que nunca podremos explorar en nuestra breve vida aquí.

Le expongo al lector que una espiritualidad madura se encontrará en los siguientes cinco puntos:

En primer lugar, es la naturaleza del mundo moderno y posmoderno que, nos guste o no, uno tenga ahora una responsabilidad que antes era tribal. La huida de esta responsabilidad es una huida de uno mismo y una deferencia a la autoridad recibida de otros. Por lo tanto, el primer examen de nuestro proceso de prueba y error se encuentra en el principio de resonancia.

Resonancia significa «volver a sonar». Cuando nos probamos el abrigo de otro, puede que nos quede bien o no, puede que concuerde con quienes somos o no, y así, nos cambiamos fácilmente de abrigo, pero no aceptamos el abrigo de otra persona si no nos parece que nos queda bien. Si algo está bien para nosotros, resuena, nos toca la fibra sensible. Si no está bien, no resuena. Podemos anhelar hacerlo, e incluso convencernos a nosotros mismos, pero yo no resistiré el paso el tiempo. Con frecuencia, lo que parecía resonar o tocarnos la fibra sensible en el pasado deja de hacerlo en la actualidad, razón por la cual tantos han recurrido a las imágenes superficiales y seductoras de la sociedad secular; pero si algo resuena de verdad en nuestro interior, es correcto para nosotros, por lo menos por ahora. El mañana responderá al mañana. Así pues, no nos desprendemos de la convicción de ayer con culpa o miedo, sino con honestidad acerca de si se dará una resonancia o no. No elegimos eso, sino que el alma toma la decisión por nosotros.

En segundo lugar, una verdadera espiritualidad se abre a lo numinoso, una palabra que le habla a algo que se acerca a nosotros, que solicita nuestra implicación y no es anhelado por el ego. Esto significa que incluso la experiencia traumática puede ser y con frecuencia es numinosa, porque nos golpea con el misterio radical de lo otro y nos obliga a redefinir nuestro sentido del yo y del mundo.

En tercer lugar, una espiritualidad madura nos abre al misterio, lo que significa que la certidumbre es un lujo de los inocentes, los asustados, los obtusos.

Esto significa que debo vivir con más incertidumbre de la que resulta cómoda, e independientemente de lo agitado que me pueda sentir, darme cuenta de que no tengo más decisión honesta que seguir adelante e involucrarme con la vida y la muerte en sus términos, y no en los míos.

En cuarto lugar, una espiritualidad madura me pide que madure. Todos sabemos que un niño asustado, una historia adaptativa, toma la mayoría de nuestras decisiones. Todos sabemos con qué timidez afrontamos la vida, con qué «registro» cuestionamos nuestras decisiones y qué anhelos infantilizadores de magia impulsan nuestra imaginación. Madurar significa, por lo menos, que aceptamos toda la responsabilidad por nuestra vida.

Todos nosotros seguimos siendo responsables de satisfacer nuestras necesidades, y no otra entidad mágica, alguien que arreglará las cosas para nosotros nos quitará la carga, nos explicará todo lo que significa, nos instruirá en cuanto a lo que se supone que tenemos que hacer y, si somos realmente afortunados, cuidará de nosotros de modo que, después de todo, no tengamos que madurar.

En quinto lugar, nuestras creencias y prácticas deben de medirse no por las certidumbres solipsistas o seductoras que nos ofrecen, sino de acuerdo con si nos abren al misterio, profundizan nuestra implicación con el despliegue de nuestro viaje y requieren que maduremos, vivamos sin certezas y, pese a ello, llevemos nuestra vida cotidiana con unos valores para los que los hagamos lo mejor posible por practicarlos.

En 1937, Jung pronunció las Conferencias Terry en la Universidad de Yale, y concluyó sus tres presentaciones diciendo: «Nadie puede saber cuáles son las cosas definitivas. Debemos asimilarlas a medida que las experimentemos. Y si dicha experiencia ayuda a hacer que la vida sea más sana, hermosa, completa y satisfactoria para ti y para aquellos a los que amas, podrás decir, de forma segura: "Ésta fue la gracia de Dios"».[11]

A eso podría añadir que esas experiencias de lo otro son a veces tranquilizadoras y en ocasiones aterradoras, pero allá donde nos obliguen a redefinir nuestras historias, a remodelar nuestros conocimientos y a abrirnos a lo nuevo, estaremos en presencia del misterio. Aunque esto rara vez es fácil o agradable, es lo contrario de la infantilización, lo opuesto a la ratificación de nuestras agendas narcisistas. En estos encuentros con el universo en su misterio, se está desplegando en los que crecemos o menguamos espiritualmente. Abrazamos el misterio de este viaje o huimos de él. Y algo en nuestro interior siempre conoce la diferencia.

---

11. JUNG, C.: «Psychology and religion», en *Collected works II*. Princeton University Press: Princeton, 1958, p. 105.

Capítulo 20

Apodérate del permiso
para ser quien eres de verdad

Hace poco participé en una sesión de supervisión con una psicoterapeuta bastante madura, talentosa y experimentada que está muy bien considerada y claramente cualificada para hacer este trabajo. Expuso el caso de una mujer que se encontraba en un matrimonio muy injusto con un cónyuge narcisista quien sólo mostraba críticas y escarnio hacia la psicoterapeuta de su esposa. Por supuesto, conocemos su terrible secreto: está aterrado del autoexamen porque, como narcisista, ya sospecha que no hay una identidad central en su interior. Las personas así sobreviven con el control, la dominación, la manipulación, las estrategias pasivo-agresivas y cosas similares, y no pueden soportar la intensa luz de la consciencia sobre ellos. Los dos acordamos que la mujer sabía perfectamente con quién estaba casada, pero inexplicablemente era incapaz de hacer gran cosa al respecto. Ofrecía las racionalizaciones pobres que le iban tan bien para justificar su parálisis: sus amigas estaban casadas y estaban teniendo bebés, mientras que ella no, sus votos matrimoniales decían «en las alegrías y en las penas», etc. El hecho de que su propio padre encajara en un papel similar la dejaba todavía más indefensa para reconocerlo y dejarlo, ya que eso significaría que podría pasar de nuevo por su historia de abandono, pese a que surgiría de su fuerza. Hablamos sobre este callejón sin salida y revisamos cuántos (muchos) casos más tuvimos de una resistencia así a lo que los clientes sabían que era verdad. Pese a que la psique de esta mujer ya le había hablado, ya había dictaminado que el matrimonio no era sano para ella y había manifestado su desaprobación mediante su psicopatología, ella prefería alejarse del abismo de la elección.

Muchos otros clientes a los que los dos hemos tratado han estado atascados de forma similar. Una razón de esta división interna, de esta enorme resistencia a acometer lo obvio, reside en el poder del complejo, es decir, los poderes recalcitrantes de la historia para devolvernos a las mismas cosas antiguas una y otra vez. Cada visita refuerza el tema: ésta es tu historia; tú eres tu historia; tu historia es tu mapa de carreteras para el futuro; tu historia ligada a tu sino engendra tu destino. Si no fuera por la psicopatología (es decir, el agravamiento de un comentario procedente del interior), tendríamos que estar de acuerdo con este sombrío determinismo, pero la psicopatología («la expresión del sufrimiento del alma») es una potente contradicción de nuestras adaptaciones al mundo.

El mensaje implícito para esta mujer, que maduró con el progenitor que le fue concedido por el destino, fue: «Estás desamparada aquí. Tu bienestar derivará, principalmente, de orbitar este gran planeta parental y de adaptarte a él. No esperes que el otro haga la mitad del camino para estar contigo: no gozarás de esa posibilidad». Este mensaje se vio reforzado por la presencia de una madre condescendiente, que también modeló la aceptación por encima de la autenticidad. Después de todo, si la otra «persona» importante no puede modelar una relación equilibrada, ¿qué esperanza podría existir para la niña? ¿Es de sorprender, entonces, con este imago intrapsíquico, este paradigma del yo y el otro tan profundamente arraigado, repetido día tras día a lo largo de sus años formativos, que esta mujer buscara lo conocido, una pareja narcisista, y se uniera a él? Así lo hizo ella, y así lo hace uno, debido a dos factores: el poder de este condicionamiento inconsciente y la falta de permiso para vivir nuestro propio viaje.

Este tema de la impotencia surge una y otra vez en forma de la excesiva influencia de los modelos tempranos del yo y del mundo, del yo y del otro, y moldea nuestros paradigmas internos. Pese a que las grandes religiones respaldan la idea del alma, del valor inconmensurable del ser humano, y pese a que el gobierno de las naciones iluminadas ratifica la búsqueda de su vida, libertad y satisfacción, este tema del permiso es crítico. A muchos de nosotros, a la mayoría, nos criaron y educaron para que fuéramos amables, para que encajáramos, no para que nos promocionáramos, y esto se tradujo, de algún modo, en el autosacrificio, la autocrítica y la autoevasión. No es narcisista convertirte en algo: es un deber. Pero ¿quién ha oído esto alguna vez en su infancia? Muy pocos, por no decir nadie.

El permiso no es algo que uno reciba de otros, a no ser que tuviera unos progenitores muy considerados y liberados que pudieran firmar un viaje de la vida así para su hijo y modelarlo ellos mismos. El permiso es negado por muchos constructos sociales. Las constricciones relativas al género han sido objeto de protestas por parte de las mujeres a lo largo de las últimas décadas, con toda la razón, pero son igualmente constrictivas con la expresividad emocional disponible para los hombres. Los hombres van por lo menos medio siglo por detrás de las mujeres en caso del despertar de la consciencia con respecto a estas definiciones que niegan el permiso. Tal y como le he dicho a más de un hombre: «Llevas en tu interior un lago de lágrimas y una montaña de ira y te han desconectado de ambos, y ahora te preguntas por qué te sientes tan mal y tu relación es tan turbulenta».

Añade a los poderes constrictivos del género otras patologías procústeas (que fuerzan la estricta conformidad mediante la eliminación de las diferencias personales o circunstancias especiales), como las constricciones raciales y étnicas, el andamiaje sexual y relacional y las estructuras socioeconómicas, y nos preguntaremos por qué no nos sentimos cómodos en nuestra propia piel y en nuestra vida emocional. Aun así, como aprendimos a una edad temprana, resistirse equivale arriesgarse a una respuesta punitiva o a la pérdida de aprobación y respaldo (ambas devastadoras para el frágil equilibrio del niño). Por lo tanto, aprendemos a adaptarnos, a enterrar todavía más la vida no vivida, e intentamos encajar. Sobrepasado en número, el niño se da por vencido y a partir de ahí profundiza en su autodistanciamiento.

En el mundo superficial de la mayor parte de la práctica de la psicología en occidente se nos define como comportamientos, cosa que somos; constructos de pensamientos, cosa que seguramente tenemos; y procesos biológicos, que son obvios. Sin embargo, una definición del ser humano como ésta deja fuera lo más importante de todo: somos un animal que busca sentido y crea sentido, un animal que sufre profundamente la desconexión con el sentido. Más síntomas surgen, más adicciones denotan y más sociopatías aseveran esta desconexión que ninguna otra etiología. A lo largo de los últimos siglos, y especialmente durante el siglo XX y el actual, la conexión del mito con los misterios se ha erosionado y ha sido reemplazada por sustitutivos seculares y distracciones diversas.

Con una mayor libertad para más personas que en ningún otro momento de la historia en este planeta, tenemos más almas a la deriva y más patologías presentes como resultado de ello. Tal y como expuso Jung en una carta en una ocasión, hemos caído del tejado de la catedral medieval hacia el abismo del yo; y además, señaló que la psicología de la profundidad moderna, la disciplina que busca implicar a toda la persona, dialogar con el mundo interior, «tuvo que inventarse» debido a la desintegración del mito, que lanzó a tantos millones de personas no preparadas de vuelta a sus propios recursos.[12] Muchos buscan la reinstauración de los antiguos valores y prácticas, que no logran superar el escrutinio del implacable aumento de la modernidad. Otros renuncian a la invitación a la rendición de cuentas personal y se ahogan en las cacofonías de distracciones presentes las veinticuatro horas del día.

Ante esta pérdida de vínculos tribales con los misterios, la cuestión de la aprobación persiste con una urgencia creciente. Si queremos madurar, debemos hacernos cargo de la invitación a la autodeterminación, dialogar con la voz interior, responder a las invocaciones a un viaje auténtico: todo ellos bastante contrarios a la instrucción de encajar. Madurar significa, entre otras cosas, que soy responsable de mi vida, de mis decisiones y de mis consecuencias. No basta con decir: «Mis intenciones eran buenas». Estas opciones procedieron de mí, de los valores que profesaba, de los políticos a los que elegí, de las opciones que afirmé en el mercado de las ideas. No hay nadie que vaya a aparecer a explicármelo todo. Debo averiguarlo por mí mismo, y mediante la prueba y el error y el sufrimiento ocasional encontrar un camino, amigos,

---

12. JUNG, C.: *Symbols of transformation, collected works V.* Princeton University Press: Princeton, 1956, p. 25. (Trad. cast.: *Símbolos de transformación: análisis del preludio a una esquizofrenia.* Trotta, D.L.: Madrid, 2012).

valores y un estilo de vida que se vean confirmados desde el interior. En realidad, nadie sabe lo que está sucediendo. Cuando éramos niños, suponíamos que los tipos con un cuerpo grande sabían qué estaba pasando. Vuelve a suponer. Cuando entramos en la primera edad adulta, asumimos que la gente con una autoridad externa sabía lo que estaba pasando, y que, ya fuera un sacerdote o un político, tenía en mente lo mejor para nosotros. Vuelve a suponer. Madurar requiere que aceptemos que nadie ahí fuera sabe qué está pasando, que está tan a la merced de sus complejos y sus mecanismos inconscientes como el más insignificante de nosotros, por lo que ahora debemos averiguarlo por nosotros mismos.

¿Cuántos de nosotros seguimos esperando permiso para ser quienes somos, para vivir el viaje destinado a nosotros en nuestras encarnaciones misteriosas en este mundo, para aportar nuestra pequeña pero crítica pizca al gran mosaico de la historia, nuestro párrafo a añadir a la historia de la humanidad? ¿Cuándo y dónde, exactamente, llegará ese permiso? ¿A qué estamos esperando? ¿A un nuevo sacerdote, a un nuevo gurú bien peinado, a una figura paterna persuasiva, quizás a Elvis? ¿Y durante cuánto tiempo podemos seguir engañándonos, pensando que somos adultos cuando seguimos siendo niños asustados acurrucados entre las torres de la historia, todavía esperando instrucciones del progenitor o del sustituto del progenitor?

Lo que necesitamos saber ya lo sabemos en nuestro interior. A veces, las circunstancias de la vida requieren que nos arriesguemos a confiar en esa autoridad interna. En ocasiones, un terapeuta, en la transferencia que frecuentemente se da en una relación terapéutica, encarna la figura de autoridad que concede el permiso, el simulacro de un progenitor empoderador, pero incluso eso no siempre funciona. Tarde o temprano, la persona tiene que entender y revisar los aspectos básicos: no estamos aquí durante mucho tiempo; somos responsables de la vida que hemos o no hemos vivido; somos invocados en cuanto a elegir, el coraje y la perseverancia al vivir esta vida. A partir de ese reconocimiento, la necesidad de permiso se vuelve más obvia; se convierte en el oxígeno vital que debemos respirar, o nos ahogaremos hasta la muerte con los gases de la vida no vivida.

Una vez que se formula la pregunta: «¿Es ésta tu vida o la de otra persona; y eres responsable de ella?», todos murmuran afirmativamente. Y así, ¿cuál es el problema entonces? ¿El permiso de quién es necesario para saber lo que ya sabemos? Tal y como lo expone Chögyam Trungpa: «El autoengaño suele surgir porque estás asustado de tu propia inteligencia y temes no poder ser capaz de ocuparte adecuadamente de tu vida. Eres incapaz de reconocer tu sabiduría innata. En su lugar, consideras la sabiduría como una cosa monumental externa a ti. Esa actitud debe superarse».[13] Mientras hemos percibido, hasta el momento, que muchas cosas se interponen entre nosotros y lo que sabemos, pese a ello, nuestros huesos lo saben, nuestra sangre lo sabe, nuestros sueños lo saben, y a veces tenemos que llegar a un punto en el que ya no podemos no saber lo que ya sabemos. Y entonces la vida posible se abre frente a nosotros, esperando sólo nuestra valentía y resolución, esperando únicamente a que nos pongamos el uniforme y hagamos, por fin, acto de presencia.

13. TRUNGPA, *Shambhala*, p. 54.

Capítulo 21

Vive la vida realizada: vive las preguntas, no las repuestas

Todos sabemos que Sócrates nos apremió a vivir «la vida realizada», y añadió que la alternativa no valía la pena vivirla. ¿Qué es la vida realizada y qué hay de malo con la vida no realizada? ¿Qué hay de malo con pasar el rato, ver la televisión, hablar con los amigos *online*, emborracharse o drogarse y quizás tener sexo de vez en cuando? Después de todo, todos vamos a acabar en el mismo sitio. ¿Acaso la idea no es pasar el tiempo lo más agradablemente posible, en especial dado que el mundo se va a ir al infierno de todas formas y no hay nada que podamos hacer al respecto?

Como animales que buscamos el placer y evitamos el dolor, también somos animales con la capacidad de la autorreflexión, incluyendo estar divididos contra nosotros mismos y neuróticos, como muchos de nosotros estamos. Sin embargo, podemos llevar los asuntos a la consciencia y modificar su curso. Lo cierto es que la vida no realizada significa que uno está viviendo no sólo de manera inconsciente, sino que con seguridad también está viviendo la vida de otra persona. ¿Por qué? Porque estamos tomando decisiones cada segundo, y si las decisiones no son producto de alguna consciencia diferenciada, se verán dirigidos por los complejos, por las agendas arcaicas del pasado, permaneciendo sujetos a las presiones del momento. Sea como fuere, una vida así es poco original, secundaria y no es realmente nuestra.

Somos el animal que sufre de desconexión con el sentido. Nos inclinamos hacia patrones de evitación, nos vemos influidos por la voz más alta entre la multitud que hay a nuestro alrededor, o servimos con obediencia a las metas internas que heredamos de nuestra familia de origen, nuestra inculcación religiosa y cultural, y los poderes persuasivos de la cultura popular. En resumen, es una vida poco original impulsada por vientos invisibles y sujeta a citas perdidas con el alma, oportunidades perdidas para explorar el misterio en el que nos encontramos durante este poco tiempo del que disponemos.

Cuando éramos niños, todos hacíamos las preguntas elementales: ¿quién soy, quién eres tú, por qué estamos aquí, cuál es nuestra misión y adónde vamos? Estas preguntas son generalmente olvidadas, empujadas hacia los suburbios de la atareada metrópolis de la vida moderna. Sin embargo, retumban en el inconsciente de todos nosotros. Las buscamos de manera inconsciente los unos en los otros, en las novelas, en los programas de televisión, en las películas, etc., o anestesiamos su pérdida con los miles de formas de ajetreo y distracción que nuestra cultura nos proporciona.

Este animal humano es una criatura del deseo y lo que más desea es el sentido, y con lo que más sufre es con la pérdida de sentido. El juicio autónomo que perdura en cada uno de nosotros es función de nuestra realidad psicoespiritual. Podemos, y de hecho debemos, movilizar energía del ego e intencionalidad para abordar tareas necesarias, y el mantenimiento de la sociedad suele requerir que así lo hagamos. Sin embargo, la movilización que no atiende a las necesidades del alma conduce al síndrome del desgaste, el tedio, la depresión y, por último, a una vida entumecida. Una vida así es, por desgracia, más la norma de lo que desearíamos reconocer. Una vida así consiste, por lo general, en llenar el tiempo hasta que la parca aparece a nuestra puerta, como hace siempre.

Cuando éramos jóvenes creíamos que los mayores sabían qué estaba pasando, que había una compilación de conocimiento a la que podíamos acceder para ayudarnos a entender la vida, que explicaba en qué consistíamos, cómo debíamos vivir y cómo la vida podía tener sentido para nosotros. Poco podíamos imaginar en esas horas de anhelo que crecíamos más a través de las preguntas que con cualquier pregunta que pudiéramos haber recibido. Oh, el mundo disponía de suficientes respuestas (no había escasez de respuestas), pero ninguna de ellas encaja ya más.

Al cabo de un tiempo, uno empieza a sospechar lo que ahora es tan obvio: sólo hay respuestas a preguntas pequeñas. Sólo hay respuestas que tienen sentido para ti en este momento de tu vida, y te fallarán más adelante en tu viaje. Lo que parece verdad hoy quedará pequeño mañana cuando la vida o nuestra propia alma aporten un marco más amplio a través del cual verlas.

Uno de los problemas con los complejos es que no tienen imaginación y sólo pueden repetir la imagen latente en su formación en el mensaje epifenomenológico que surgió para tener en cuenta ese momento. Sin embargo, esos momentos se ven sobrepasados por otros momentos, otras experiencias y otras narrativas que reposicionan nuestro sentido del yo, nuestro sentido del mundo y nuestras relaciones mutuas. Los planes, los modelos y las expectativas de ayer son las prisiones de hoy. Y como apuntó Shakespeare, ninguna cárcel es más restrictiva que aquella que no sabemos que habitamos. Así pues, las buenas almas siguen aplicando con asiduidad viejos acuerdos al nuevo terreno de su vida con unos resultados cada vez más pequeños; y los síntomas se intensifican. Lo que el nuevo terreno requiere, la nueva etapa del viaje exige, todavía es desconocido y, por lo tanto, a veces sufrimos el terrible interín entre ello.

Un regalo importante del acuerdo terapéutico consiste en construir un lugar de contención por medio del cual pueda darse la deconstrucción de lo antiguo, puedan atenderse las exigencias del momento y pueda respaldarse la presencia atenta en cuanto a lo emergente. Al enfocarlo de buena fe, este proceso normalmente funciona porque siempre hay un plan nuevo que surge de las profundidades del alma, cuando nos volvemos lo bastante humildes como para servirlo. La mayoría de la gente a la que más admiramos a lo largo de la historia tuvo una vida difícil, pero comparte una característica común: aguantó hasta que el nuevo propósito de su vida emergió para ella, y encontró la valentía para vivir esos nuevos retos. Ésa es la razón por la cual la admiramos y también por la cual estamos llamados a hacer lo mismo en nuestra vida. Lo que importa es que vivas esta vida lo mejor que sepas, de acuerdo con lo que de verdad te importe, tanto si alguien a tu alrededor comprende o apoya eso como si no.

Lo que me resultaba más inquietante de niño y como adulto joven (la presencia de ambigüedad e incertidumbre) en la actualidad es prácticamente cómodo. Esto se debe a que he aprendido que, con independencia de lo que tenga sentido hoy, será insuficiente mañana, cuando disponga de preguntas más importantes, unos contextos más amplios y más consciencia que llevar a la mesa. También sé que allá donde haya «certidumbre», hay inocencia, inconsciencia o una defensa contra la duda. Allá donde haya una certeza histérica, y hay mucho de eso en nuestro país, se debe a que la duda ya ha plantado su bandera negra dentro del alma y el ego está huyendo como un niño.

Durante la infancia, las preguntas sencillas daban lugar a respuestas sencillas. Como las preguntas importantes conducían a una creciente incertidumbre, muchos de nosotros nos cerramos, dejamos de preguntar y, por lo tanto, dejamos de crecer. Sin embargo, las mismas preguntas siguen formulándose en el inconsciente: *¿Quién soy? ¿Quién eres? ¿En qué consiste todo esto? ¿Adónde nos dirigimos y cómo debo vivir mi vida?* Cuando se filtran a la superficie, traen consigo una invocación para cada uno de nosotros. La única pregunta es: ¿acudiremos a la cita? Muchos, quizás la gran mayoría, nunca acudimos a la cita, nunca aparecemos y, así pues, llevamos una vida de silenciosa desesperación, sufrimos un alma anestesiada y tenemos que paliar continuamente una consciencia distraída. Otros acuden porque tienen que hacerlo. Al acudir a esa cita es cuando nuestra vida encuentra su propósito: no en las respuestas, sino en vivir preguntas importantes que son dignas de la magnitud del alma.

Y ésa es la razón por la cual la vida realizada importa.

Epílogo

Creo, sinceramente, que si el lector no sólo lee, sino que también relee una de estas veintiuna sugerencias cada día, se producirá un crecimiento genuino. Como mínimo, estas ideas, obvias en sí mismas, nos llaman a la responsabilidad, a una mayor consciencia, mientras gran parte de la vida cotidiana sigue igual, dirigida por presiones externas y los guiones interiorizados que todos tenemos.

Estos retos son pragmáticos y exigentes y se comparten de buena fe, de corazón y con unos sinceros buenos deseos para el lector. Piensa en ellos, encuéntralos de forma diferente en distintos contextos y etapas de tu vida. Puede que con el tiempo pasen de ser ideas a ser estructuras internas modificadas que te ayuden a tomar distintas decisiones en los miles de caminos que se bifurcan y por los que transitas cada día.

Mientras reflexiono sobre estos pasos, los encuentro de utilidad en mi enfoque de mi vida. Los he compartido, con buenos resultados, con clientes y el público, y los comparto ahora con otros viajeros en este trayecto que llamamos nuestra vida. Hay muchos peligros en este viaje, que acaba en la gran democracia que supone la tumba, y sí, cada uno de nosotros debemos llevar a cabo el viaje por nuestra cuenta y con nuestros propios medios. Sin embargo, hay muchos (y a veces invisibles) compañeros agradables en ese camino, un grupo de almas amables que valen la pena como tú mismo, así que no estás solo. Solos y juntos, nuestras vidas importan y marcan una diferencia.

Bibliografía

Aurelio, M.: *Meditations.* Dover Publications: Nueva York, 1997. (Trad. cast.: *Meditaciones.* Robin Book: Barcelona, 2023).

Dostoyevsky, F.: *Notes from underground.* Vintage Classics: Nueva York, 1994. (Trad. cast.: *Apuntes del subsuelo.* Akal: Madrid, 2023).

Fowles, J.: *The French lieutenant's woman.* Signet: Nueva York, 1970. (Trad. cast.: *La mujer del teniente francés.* Anagrama: Barcelona, 2012).

Hollis, J.: *The middle passage: From misery to meaning at midlife.* Inner City Books: Toronto, 1993. (Trad. cast.: *La crisis de la mediana edad: del sufrimiento al sentido.* Sirena de los Vientos: Madrid, 2023).

—. *Tracking the Gods: The place of myth in modern life.* Inner City Books: Toronto, 1994.

—. *Creating a life: Finding your individual path.* Inner City Books: Toronto, 2001.

—. *Finding meaning in the second half of life: How to finally, really grow up.* Gotham Books: Nueva York, 2005. (Trad. cast.: *La otra mitad del camino: dar sentido a la segunda parte de la vida.* Aurum Volatile: Zaragoza, 2019).

—. *Why good people do bad things: Understanding our darker selves.* Gotham Books: Nueva York, 2007. (Trad. cast.: *Tus zonas oscuras: la sombra en el individuo, las organizaciones y la sociedad.* Kairós: Barcelona, 2008).

—. *What matters most: Living a more considered life.* Gotham Books: Nueva York, 2009.

—. *Hauntings: Dispelling the ghosts who Run our lives*. Chiron Books: Asheville, 2014.

HOPKINS, G. M.: *Poems and prose*. Penguin Books: Londres, 1985.

JUNG, C.: *Collected works. Twenty volumes*. Princeton University Press: Princeton, 1953-1979.

—. *Symbols of transformation, collected works V.* Princeton University Press: Princeton, 1956. (Trad. cast.: *Símbolos de transformación: análisis del preludio a una esquizofrenia*. Trotta, D.L.: Madrid, 2012).

LAMOTT, A.: *Traveling mercies: Some thoughts on faith*. Anchor Books: Nueva York, 2000.

NEUMANN, E.: *Depth psychology and the new ethic*. Shambhala Press: Boulder, 1990. (Trad. cast.: *Psicología profunda y nueva ética: nueva valoración de la conducta humana a la luz de la psicología moderna*. Alianza: Madrid, 2007).

RILKE, R. M.: *Poems of Rilke*. Traducción de Stephen Mitchell. Vintage: Nueva York, 1989.

TILLICH, P.: *Systematic Theology*. University of Chicago Press: Chicago, 1967. (Trad. cast.: *Teología sistemática*. Sígueme: Salamanca, 2012-2014).

—. *The courage to be*. Yale University Press: New Haven, 2000. (Trad. cast.: *El coraje de ser*. Avarigani: Madrid, 2018).

TRUNGPA, C.: *Shambhala: The sacred path of the warrior*. Shambhala Publications: Boulder, 1984. (Trad. cast.: *Shambhala: la senda del guerrero*. Kairós: Barcelona, 2004).

YEATS, W. B.: *The tower*. MacMillan Publishers: Nueva York, 1928. (Trad. cast.: *La torre*. DVD: Barcelona, 2004).

Acerca del autor

James Hollis (doctorado) es un psicólogo junguiano con su consulta en Washington, DC, donde, además, es director ejecutivo de la Jung Society of Washington. Reside con su mujer, Jill, terapeuta jubilada, y tienen tres hijos vivos y ocho nietos.

Índice